16	3	2	13
5	10	11	8
9	6	7	12
4	15	14	1

José Ramos Tinhorão

AS ORIGENS DA CANÇÃO URBANA

editora■34

EDITORA 34

Editora 34 Ltda.
Rua Hungria, 592 Jardim Europa CEP 01455-000
São Paulo - SP Brasil Tel/Fax (11) 3816-6777 www.editora34.com.br

Copyright © Editora 34 Ltda., 2011
As origens da canção urbana © José Ramos Tinhorão, 2011

A FOTOCÓPIA DE QUALQUER FOLHA DESTE LIVRO É ILEGAL E CONFIGURA UMA
APROPRIAÇÃO INDEVIDA DOS DIREITOS INTELECTUAIS E PATRIMONIAIS DO AUTOR.

Imagem da capa:
Vista de Lisboa, do álbum Civitates Orbis Terrarum,
de Braun e Hogenberg, tomo I, 1572

Capa, projeto gráfico e editoração eletrônica:
Bracher & Malta Produção Gráfica

Revisão:
Ana Lima

1ª Edição - 2011

CIP - Brasil. Catalogação-na-Fonte
(Sindicato Nacional dos Editores de Livros, RJ, Brasil)

       Tinhorão, José Ramos, 1928-
T492o   As origens da canção urbana / José
Ramos Tinhorão. — São Paulo: Ed. 34, 2011.
224 p.

ISBN 978-85-7326-465-4

    1. Música popular - História e crítica.
2. Cultura popular - Portugal e Brasil - Sécs.
XVI a XIX. I. Título.

CDD - 780.9

AS ORIGENS DA CANÇÃO URBANA

Nota à presente edição 7
Introdução 11

1. Cidade moderna, necessidades novas 13
2. Todos querem ser iguais 17
3. O tempo das "novas novidades" 25
4. "Grandeza de Lisboa", anonimato da massa 32
5. A "boa aventura" do "viver a seu prazer" 38
6. Cantiguinhas de uma "certa relé" 45
7. Quando os "ínfimos" cantam amores 57
8. Da recitação ao canto solista 63
9. Canto épico, romance amoroso 71
10. Democratização do "cantar romance" 77
11. Romances são cantos, versos são letras 87
12. Canto popular e guitarra (que era viola) 94
13. Música dos barbeiros e dos teatros 105
14. "Verás como canto solo" (Gil Vicente) 114
15. Cantar de solau: uma forma de cantar 120
16. As "cantigas do deserto":
    "Adeus corte, adeus cidade" 127
17. O tempo das "modas novas" 136
18. As danças negras das ruas 144
19. A síncopa negra nos salões 161
20. Caldas Barbosa e a *Viola de Lereno* 170
21. Modinha brasileira: enfim, uma canção popular 186

Bibliografia 201

Iluminura da *Crônica de D. Afonso Henriques*, de Duarte Galvão (*c.* 1446-1515). O anjo à esquerda carrega uma típica viola seiscentista, possivelmente o primeiro registro iconográfico do instrumento.

NOTA À PRESENTE EDIÇÃO

Lançado originalmente em Portugal em janeiro de 1997 pela Editorial Caminho, de Lisboa, este livro, que agora ganha sua primeira edição brasileira, sob a chancela da Editora 34, de São Paulo, conserva, catorze anos exatos depois de seu aparecimento, pelo menos uma virtude inaugural: o da prioridade e amplitude da pesquisa na área específica do objeto cultural que se propôs estudar.

Tentativa de esclarecimento de uma dúvida musicológica através do levantamento de evidências históricas em torno do aparecimento da moderna canção popular, tomada como marco inicial do canto individual de versos revestidos de melodia acompanhada por som instrumental, a pesquisa foi levada a alargar seus limites para além desse seu objetivo estrito, a fim de poder iluminar, com a recolha de indícios sobre o surgimento do próprio fenômeno, a zona escura em que é mantido até hoje pela pesquisa musical.

Para chegar a tal resultado, o autor recorreu, no Brasil e em Portugal, não apenas à documentação histórica até então ignorada sobre o tema, mas à memória pessoal de contemporâneos dos séculos XIV a XIX (conforme atestado na bibliografia de fontes e testemunhos citados neste livro), informação iconográfica (como pormenor da viola seiscentista em mãos do anjo da iluminura da *Crônica de D. Afonso Henriques*, de Duarte Galvão, c. 1446-1515, do acervo da Biblioteca Municipal do Porto) e, finalmente, textos de teatro vicentino e pós-vicentino dos séculos XVI e XVII, de teatro de cordel e folhetos populares de meados do século XVIII a início do século XIX.

É a soma dessas informações que compõe o painel histórico que a seguir se dá a conhecer, em cumprimento da proposta representada pelo título *As origens da canção urbana*.

José Ramos Tinhorão

AS ORIGENS DA CANÇÃO URBANA

INTRODUÇÃO

Em pleno século XXI, e no momento mesmo em que a explosão inventiva nos campos da gravação e reprodução de sons e imagens transforma a música destinada ao lazer das massas urbanas num dos mais importantes campos da indústria cultural, beneficiária da moderna tecnologia inauguradora da era da computação e da informática, ninguém se havia lembrado ainda de responder a esta simples pergunta: quando surgiu o cantar típico das cidades, que hoje informa todo esse sistema sob o nome de música popular?

Até há muito pouco, o próprio conceito de música popular se revelava ambíguo, pois apesar do crescente alargamento do espectro sonoro da música urbana — primeiro representada pela canção e, mais recentemente, por eventos de massa, ao ar livre — a denominação continuava a ser usada de forma genérica para "música do povo", levando à confusão com a música popular do mundo rural estudada pelo folclore.

Outro pormenor sempre descurado — malgrado observações oportunas como a de Fernando Lopes-Graça de que "a melodia vocal, para uma voz a solo [sic] com acompanhamento instrumental", "satisfaz as aspirações individualistas do Renascimento"[1] — era o de saber como se teria dado, no Ocidente, a passagem da música de sentido coletivo do mundo antigo e medieval (em seus últimos anos representada na música profana pela po-

---

[1] Capítulo "A melodia vocal, a ópera e a oratória" do *Breve ensaio sobre a evolução das formas musicais*, de Fernando Lopes-Graça, Lisboa, Editorial Inquérito, s/d [1940].

As origens da canção urbana

lifonia), para esse individualismo da canção harmonicamente acompanhada com instrumento de cordas, pelo próprio intérprete, dentro do novo conceito tonal.

Assim, diante de tantas lacunas — que, no entanto, não parecem preocupar musicólogos e historiadores da música em geral — o autor buscou encontrar na área de sua especialidade, que é a da história do processo cultural das camadas populares das cidades, informações capazes de oferecer uma ideia de como se teria conduzido a antiga tradição da monodia dos cantos míticos e épicos, via "cantar romance" do fim da Idade Média, até à canção solista definitivamente estruturada, quando a modinha brasileira, levada a Portugal no século XVIII, desponta como gênero reconhecível do que hoje chamamos de música popular.

1.
CIDADE MODERNA, NECESSIDADES NOVAS

A música popular, enquanto criação típica da gente das cidades destinada a transformar-se no século XX em produto cultural de massa, após quase quinhentos anos de evolução do estilo de canto solista acompanhado, representado pela canção, surgiu na passagem do século XV para o XVI como mais um resultado do processo de urbanização anunciador do fim do longo ciclo de economia rural da Idade Média.

De fato, até o século XV as cidades ainda constituíam apenas centros de população ligados ao campo. É que a economia citadina, mesmo nas áreas onde começava a desenvolver-se o trabalho de manufatura, envolvia uma identidade necessária de interesses entre a produção urbana e a rural, pois os mercadores-empresários, que passavam a controlar as corporações através de encomendas, eram os mesmos que investiam no campo para obter a matéria-prima e os produtos destinados à indústria e ao comércio.

As primeiras manufaturas da era dos mercadores financeiros só serviam, pois, nesse primeiro momento, para incrementar a produção de modo feudal, uma vez que, ao produzirem com base no trabalho ainda protegido por privilégios, para o fornecimento a um mercado sem competidores, não incluíam os elementos necessários à configuração da economia capitalista geradora de centros urbanos modernos: o trabalho livre e a propriedade privada da terra e dos meios de produção. E, finalmente — e em consequência — não conduziam ao que se tornava indispensável para o advento da vida urbana: a ampliação vertical do mercado pela transformação em compradores dos integrantes das novas camadas surgidas com a diversificação do trabalho originada, exatamente, pelo novo sistema de produção.

É a partir do século XV, com a abertura do comércio internacional pelo Atlântico, graças às grandes navegações de Portugal e Espanha, que os mercadores burgueses financiadores das manufaturas podem, afinal, iniciar o processo de acumulação capitalista capaz de levar ao rompimento final dos entraves impostos à expansão de suas atividades pelo sistema feudal. E isso iam conseguir graças à entrada de lucros do exterior (onde usam trabalho escravo), ao aumento da base monetária e da expansão interna do trabalho livre, tanto no campo (onde se afrouxam os laços de servidão) como nas próprias cidades (onde decai o controle das corporações sobre a formação e a prestação de serviço de trabalhadores e artesãos).

Esse poder derivado da concentração dos ganhos da indústria manufatureira e do alto comércio em mãos dos mercadores-empresários e ricos-homens — como se chamavam em Portugal os grandes detentores de rendas e capital — após gerar os primeiros conflitos sociais nos centros industriais mais desenvolvidos da Europa, como Flandres e Itália, acaba garantindo à burguesia urbana em geral posição privilegiada frente à nobreza e ao próprio poder real (aos quais, aliás, se associava pelos financiamentos). E é isso que vai permitir, finalmente, transformar as cidades em grandes mercados dos bens produzidos ou comercializados por essa nova classe de homens de negócios.

A partir desse momento da evolução do sistema de exploração econômica no sentido do moderno capitalismo — que alcançaria seu auge duzentos anos mais tarde, com a revolução industrial do século XVIII — os grandes centros de burguesia manufatureira e comercial se transformariam em cidades no sentido verdadeiramente moderno, com o trabalho livre permitindo sua acelerada divisão em numerosas novas especializações, e o consequente aparecimento de um mercado interno para consumo de sua própria produção.

Um dos países da Europa que primeiro atingiu esse estágio

de evolução que obrigava a criação de centros de decisão administrativo-financeiros em áreas urbanas de estrutura econômico-social já bastante diversificada — graças à variedade do comércio e à multiplicação dos serviços — seria pelo correr do século XV, a oeste da Península Ibérica, o pequeno Portugal.

Na verdade, apesar de em seu retrato de Lisboa do século XVI o historiador Vitorino Magalhães Godinho ressalvar que a capital, com mais de 100 mil habitantes, "não é grande cidade industrial", o quadro que dela traça em seu livro *Estrutura da antiga sociedade portuguesa* não deixa dúvida quanto à sua modernidade e importância, em comparação com os demais grandes centros da Europa de então:

> "Mas Lisboa é a cabeça de um império e de uma economia mundial: ouro da Guiné e Minas, açúcar da Madeira, São Tomé, depois, Brasil, pastel açoriano, especiarias e drogas do Oriente, prata da Europa Central e, posteriormente, do México e Peru, pau-brasil, escravos negros, que vão formar a mão de obra de engenhos e fazendas nos arquipélagos de Além-Atlântico, porcelanas e seda da China, obras de cobre da Alemanha, tecidos italianos, flamengos, ingleses, que sei eu mais? Aqui está instalada a alta administração do Reino e Ultramar, e as rodas supremas dessa engrenagem econômico-administrativa que lida com feitorias e colônias é que compreende a Casa da Guiné e Mina, a Casa da Índia, as Vedorias da Fazenda — engrenagem articulada ao grande capitalismo cosmopolita."[2]

Assim, não seria de estranhar que, menos de um século depois do humanista alemão Hieronymus Münzer ter resumido em

---

[2] Vitorino Magalhães Godinho, *Estrutura da antiga sociedade portuguesa*, Lisboa, Editora Arcádia, 1975, 2ª ed. revista e ampliada, p. 40.

1494, em Lisboa, sua impressão da visita às Casas de Fundição de Artilharia da Ribeira com a frase — "Em comparação disto nada é o material de Nuremberg"[3] — tenha o francês André Thevet comentado em 1575, ante a visão do cais da mesma Ribeira:

> "É um prazer ver o grande número de navios que aqui abordam, e a diversidade de nacionalidades, e o trato mercantil que aqui se faz: de tal modo que direi com justiça que é das mais comerciais de todas as Espanhas."[4]

Ora, se é verdade que a novos conteúdos correspondem formas novas, não há dúvida de que, às mudanças de caráter social ocorridas em face dessa ampliação das atividades econômicas em grandes centros como Lisboa, haveriam de corresponder novas necessidades, inclusive de caráter cultural. E o exame da realidade do cotidiano português a partir do século XV, principalmente em sua capital — agora metrópole de um império ultramarino e entreposto obrigatório do comércio internacional — não deixaria de fornecer as mais claras evidências dessa verdade.

---

[3] Capítulo "A peregrinação do Dr. Jerónimo Münzer", *in Memórias de forasteiros, aquém e além-mar: séculos XII-XV*, de Rodrigues Cavalheiro e Eduardo Dias, Lisboa, Livraria Clássica, 1945, p. 105. Antes de Münzer, aliás, o capelão Nicolau Langmann de Falkenstein, enviado pelo imperador germânico Frederico III a Portugal em 1541 para efetivar em seu diário dava Lisboa como "notável cidade, muito maior que Viena de Áustria".

[4] *Apud* Vitorino Magalhães Godinho *in Estrutura da antiga sociedade portuguesa*, cit., p. 40.

2.
TODOS QUEREM SER IGUAIS

A concentração, em Lisboa, dos capitais e serviços necessários ao funcionamento da empresa de predação e traficância englobada, eufemisticamente, sob o nome de "Conquista, Navegação e Comércio da Etiópia, Arábia, Pérsia e Índia" (como passara a indicar em seu título de senhoria o próprio rei D. Manuel), teve como consequência interna a instauração de um rápido processo de divisão do trabalho, que ia modificar os conceitos das próprias relações de mando e obediência, até então baseadas no sistema de prerrogativas.

Como lembrava em 1983 a conservadora Irisalva Moita em seu ensaio introdutório ao catálogo da exposição *Lisboa quinhentista: a imagem e a vida da cidade,* após o estabelecimento de relações comerciais com os régulos de África e das rotas para o Oriente, não apenas "houve que organizar toda uma rede de infraestruturas que acionassem um sistema tão complexo como o que emergiu da organização de carreiras regulares para o Ultramar — as *Naus de Carreira* — e para Flandres, e permitissem sustentar um comércio altamente diversificado, com tentáculos situados desde o Oriente ao Norte da Europa, Península, Norte da África, portos do Mediterrâneo etc.", mas ainda viabilizá-la através de outras providências:

"Para fazer face a esta nova situação houve que proceder à criação de instalações suficientemente diversificadas para a recolha de materiais que chegavam pela fronteira marítima e pela fronteira terrestre (a Casa da Índia, a Alfândega Nova, as Sete Casas, o Paço da Madeira, a Casa dos Escravos etc.); para salvaguardar os direitos reais (a Casa dos Cinco, a Mesa dos Portos Secos, a Mesa das Estradas, a Mesa dos Pesos etc.); para facilitar as operações monetárias e cambiais (A Casa da Moeda, a Casa dos Contos etc.)."[5]

Assim, ficava claro, como podia agora resumir a mesma autora, que tal

"criação de infraestruturas adequadas, empreendidas por D. Manuel num curto espaço de tempo, implicaram uma ampliação dos quadros do funcionalismo público, a criação de novas profissões e a proliferação de serviços diversos que, concentrando-se, especialmente, nas zonas confinantes com a zona ribeirinha, transformaram-na num dos centros mais movimentados da Europa."[6]

A tendência para essa ampliação de serviços responsável pela multiplicação dos funcionários pagos pelo rei começara, aliás, no século XIV, acompanhando o fortalecimento do poder real com o apoio da burguesia.

De fato, uma das consequências mais visíveis da centralização do poder em Portugal a partir da revolução de 1383-1385 — consolidada quando a Coroa assume em fins do século XV o papel de grande empresário mercador — foi o aumento extraordinário das funções pagas pelo rei. E bem verdade que, de início, quem se beneficiava com a distribuição dos cargos eram os componentes da nobreza, mas não sem agora pagar um preço: ao se

---

[5] Irisalva Moita, "A imagem e a vida da cidade", introdução ao volume-catálogo da exposição *Lisboa quinhentista: a imagem e a vida da cidade*, Lisboa, Museu da Cidade, 1983, p. 10.

[6] Irisalva Moita, *op. cit.*, p. 10.

tornarem dependentes não mais das tenças havidas em função de seus títulos, mas de ordenados pagos pelo desempenho de determinados postos recém-criados, tais nobres servidores começam a aparecer, aos olhos do público, menos como detentores de prerrogativas que como simples funcionários. E ia ser desde logo esse fato que, em curiosa decorrência social, levaria tal nobreza funcionária à preocupação exagerada com o luxo, como forma de impor pelo exibicionismo da ostentação o sinal indicador da grandeza do seu estado.

O resultado dessa preocupação ostentatória como marca de elevação social e autoridade foi o estímulo à burguesia (enriquecida pelo incremento do comércio) no sentido de tentar equiparar-se a essa nobreza vulgarizada pelas funções públicas, através da procura dos mesmos sinais exteriores. Essa confusão da riqueza com o poder derivado dos privilégios, sobre sujeitar os representantes da nobreza a uma incômoda equiparação, não deixava de apresentar seu lado de subversão de valores tradicionais. E era isso que ia explicar, desde logo, a onda de sucessivas pragmáticas reais contra o luxo das sedas e adereços, exaradas na tentativa (sempre inútil) de impedir a dessacralização dos velhos símbolos do poder pelo simples acesso a bens de consumo. Bens estes dos quais, afinal, era a própria nobreza guerreiro-comercial quem se encarregava, com o patrocínio das navegações, de acumular nos depósitos do Estado.[7]

---

[7] A prova da preocupação do poder real ante o perigo das confusões de classe através da padronização das modas ia evidenciar-se na repetição cada vez mais amiudada das pragmáticas regulamentadoras do acesso aos bens do mercado. Iniciado o controle no século XIV com a primeira pragmática aprovada pelas cortes de Santarém, em 1340, contra abusos no vestuário e alimentação (a que se seguiria em 1391 outra de D. João I reservando o uso de penas de veiros, grises e arminhos a cavaleiros, prelados e clérigos), repetir-se-iam no século XVI pragmáticas a partir de 1535 nos anos de 1537, 1560, 1570 e 1578.

A prova de que a oposição à vulgarização do luxo no vestuário se prendia, no fundo, ao temor da confusão entre as classes pode ser encontrada no *Cancioneiro geral de Resende* em uma estância da longa composição intitulada "D'Aluaro de Brito Pestana a Luys Fogaça, sendo vereador na çydade de Lixboa, em que lhe daa maneyra para os ares maos serem fora dela":

> Por trajos demasiados,
> em que todos sam igoaes,
> sam confusos
> os tres estados danados,
> alterados mesteyraaes
> em seus usos.
> Não deuemos ser comuũs
> senam pera Deos amarmos
> e seruirmos,
> nam sejamos todos huũs
> em rycamente calçarmos
> e vestirmos.[8]

As tentativas de barrar essa busca da igualdade pelo poder do dinheiro estavam por sinal destinadas ao fracasso ante a própria realidade da trajetória político-econômica que resultou no fortalecimento do poder real. E que a burguesia urbana, identificada com os interesse dos reis e da nobreza (a quem cabia a tarefa da abertura de novas fontes de riqueza e mercados através das "conquistas" planejadas pela Coroa), provocara desde a metade do século XV, com o estímulo do comércio, a aceleração do processo de monetarização. Ora, a existência de crescente varie-

---

[8] *Cancioneiro geral de Garcia de Resende*, edição com texto estabelecido, prefaciado e anotado por Álvaro J. da Costa Pimpão e Aida Fernanda Dias, Coimbra, Centro de Estudos Românicos (Instituto de Alta Cultura), 1973, 1º vol., p. 93.

dade de artigos no mercado e a maior circulação do dinheiro necessário à sua compra só podiam mesmo levar ao desafio às pragmáticas, num momento em que a divisão do trabalho vinha gerar, exatamente, a necessidade de sinais ostensivos para marcar as diferenças entre os funcionários e profissionais surgidos por força dos modernos cargos e atividades na área da administração pública.[9]

A ampliação do curso da moeda, aliás, não provocava apenas essa consequência da corrida aos bens conspícuos pelos melhor aquinhoados, mas outra mais ampla e geral, que afetava a estruturação da sociedade como um todo, ao abrir caminho à progressiva subordinação das relações no campo do trabalho aos pagamentos em dinheiro. De fato, aí estaria também a raiz do próprio movimento de transferência da força de trabalho do campo para as cidades, desde logo responsável não apenas pela formação de grandes centros urbanos — caso de Lisboa — mas de profundas mudanças na composição social desses aglomerados de caráter moderno.

Os reis de Portugal vinham promovendo realmente desde o século XIII, através das chamadas "quebras da moeda" (quase sempre recunhagem com empobrecimento da liga metálica e manutenção do valor), o aumento da base circulatória, o que acabava por influir nas relações até então vigentes no campo do trabalho. E isso porque, com o aumento do curso da moeda na área rural fazendo crescer o número dos jornaleiros e "ganha-dinhei-

---

[9] Este verdadeiro motivo das pragmáticas se escondia, ao tempo, sob a preocupação do respeito ao costume baseado nos privilégios tradicionais, o que transformava às vezes até mesmo em problema moral consequências de fundo socioeconômico, tal como candidamente admite o historiador Oliveira Marques ao escrever no capítulo "O traje" de seu livro *A sociedade medieval portuguesa* (Lisboa, Livraria Sá da Costa Editora, 4ª ed., 1981, p. 34): "O gosto pelos adereços, pela variedade e contraste das cores, pela riqueza dos tecidos, não deixou de preocupar o ânimo dos mais puritanos. Multiplicaram-se as pragmáticas contra o luxo e as leis de proibição".

ros" — o que desde logo traduzia o aparecimento do capitalismo agrícola promovido pelos mercadores e homens de "muito movil" — surgia também no campo uma espécie de proletariado dependente, tal como o da cidade, da cotação da força de trabalho no mercado. Assim, quando as vicissitudes da economia faziam cair o valor das soldadas ou diminuíam as oportunidades de trabalho, essa mão de obra flutuante, já liberada das antigas peias da servidão, simplesmente migrava para as cidades, que aos olhos dos deserdados apareciam agora como "mãe de todos".[10]

É esse excedente de mão de obra não qualificada, do ponto de vista das necessidades urbanas, aliás, que vai permitir ao poder real no século XVI não apenas o recrutamento de gente para as frotas do comércio com o além-mar, mas a realização das primeiras grandes obras públicas do mundo moderno.

Um exemplo desse tipo de projeto envolvendo o emprego de uma massa de trabalhadores impensável desde a Antiguidade (quando isso se tornara possível, nos grandes impérios, graças à existência da escravidão), seria oferecido na década de 1550 por D. João III. Ante o problema apresentado pelo irmão, infante D. Luís, prejudicado pelas areias arrastadas pelo rio Tejo para suas "terras que estavam por Riba de Santarém", o rei resolveu nada menos que mudar o curso da água um quilômetro à direita, até a Lagoa Fedorenta, e daí numa reta dez quilômetros na direção sudeste pelo campo de Cordiga, desde 1169 pertencente à Ordem de Cristo. Pois para essa obra "que custou muyto trabalho e munto gasto", foram mobilizados "homens de experiência e trabalharão mais de vinte trinta mil homens por tempo de Julho na dita mudança que acarretaram calhaos e outros entulhos que custou

---

[10] A expressão é do moço do cortesão Zelotipo, personagem da *Comédia Eufrosina*, de Jorge Ferreira de Vasconcelos, que em fala a Carióflio, amigo de seu amo, louva Lisboa dizendo: "Bem estou com ela [Coimbra], mas contudo melhor me acho em Lisboa, que he mãe de todos, e no grande mar se cria o grande peixe" (Jorge Ferreira de Vasconcelos, *Comédia Eufrosina*, edição organizada por Eugenio Asensio, Madri, 1951, p. 84).

munto dineyro e sobre isso passou El Rey muitas Provizões com que deffendeo que ninguem o Contrariasse...".[11]

A própria urgência em impedir que o fenômeno natural decorrente da passagem do rio por terras arenosas lhe arruinasse as lezírias, por sinal, traduzia ela mesma uma preocupação nova, ligada ao moderno crescimento da área de Lisboa. E isso porque a progressiva concentração urbana da capital, transformando a cidade em forte centro consumidor de produtos agrícolas, obrigava à aceleração dos trabalhos de arroteamento e aterro de pântanos iniciados no século XIV, com o fim de ampliar as áreas de cultivo, mas que só agora se tornavam possíveis na dimensão de grandes projetos, ante a abundância de mão de obra, inclusive escrava.[12]

Diante de tantas "novas novidades" — como definiria ainda no século XVI em sua *Miscelânea* o cronista Garcia de Resende — não seria de estranhar, pois, que todo o país entrasse em processo de rápida transformação, principalmente a capital, Lisboa, transformada em verdadeiro laboratório de experiências sociais,

---

[11] Tomar, 1735, traslado do documento de 23 de maio de 1572: "Inquérito sobre os prejuízos causados pela mudança do rio e se deve ou não voltar ao curso primitivo", *apud* João José Alves Dias no Apêndice Documental ao artigo "Uma grande obra de engenharia em meados do século XVI: a mudança do rio Tejo", revista *Nova História*, nº 1 (*Século XVI*), Lisboa, Editorial Estampa, início de 1984, p. 76.

[12] Uma evidência de que em meados do século XVI tais obras ganhavam impulso ante a possibilidade nova do emprego de escravos africanos aparece na referência documental à existência, na própria região da Cordiga, de, pelo menos, uma família de negros (aliás obrigada a ceder seu pasto de ovelhas para plantação de trigo). O que ficava claro no relatório do sacristão feitor do Convento de Tomar incluído no livro *Das lembranças do que fizeram os priores do Convento (1529-1630)*: "Parágrafo 8º: assim Rompi um Cazal que chamão do negro por ser hum de Caza ovelheiro e pastor nelle com ovelhas o qual todo Rompi com vinte e duas juntas de Boys todos em Rego e fiz terra de pam...". *Apud* João José Alves, "Uma grande obra de engenharia em meados do século XVI", *Nova História*, nº 1, cit., p. 82.

humanas e culturais. Transformações essas tão profundas e chocantes aos olhos conservadores de contemporâneos, que não deixariam em 1554 de ganhar seu cronista na pessoa do "Moço da Escrevaninha" do rei D. João II, e depois figura de prestígio intelectual também nas cortes de D. Manuel e D. João III, Garcia de Resende, autor da verdadeira reportagem rimada da nova era que, sob o título de *Miscelânea*, reunia "variedade de histórias, costumes, casos e cousas que em seu tempo aconteceram".

3.
O TEMPO DAS "NOVAS NOVIDADES"

Como ele mesmo observaria no Prólogo de sua *Miscelânea*, em 1554 publicada como parte do *Livro das obras de Garcia de Resende*, e em que punha em forma de crônica rimada em versos de redondilha maior os fatos de Portugal e do mundo de entre 1490 e 1530, o cronista Garcia de Resende registra esse tempo como o das "novas novidades", ou seja, dos "grandes acontecimentos, & desvairadas mudanças de vidas, & de costumes".[13]

Em verdade, em sua marcha para o moderno sistema de produção e comércio liderado pelos mercadores e detentores de capitais, os principais centros europeus surgidos em meio à decadência do mundo rural, sob a forma de cidades inauguradoras da complexidade consequente da crescente divisão do trabalho, iniciavam uma verdadeira revolução de valores que se traduzia nessas "desvairadas" mudanças sociais.

A própria fisionomia de Lisboa — definitivamente fixada como capital em 1385, no auge da revolução burguesa que criaria, com apoio popular, inclusive nova dinastia e novo rei — transformava-se com incrível rapidez, ao influxo de obras que

---

[13] *Livro das obras de Garcia de Resende, que tracta da vida & grandíssimas virtudes & bõdades; magnanimo esforço, excelentes costumes & manhas & muy craros feitos do christinissimo; muito alto & muito poderoso principe el rey dom Ioam ho segundo deste nome etc.*, Évora, em casa de André de Burgos, impressor do Cardeal Iffante, 1554. As citações são do prólogo à *Miscellanea ẽ trouvas do mesmo auctor & hũa variedade de historias, custumes, casos, & e cousas que em seu tẽpe accõtescerã*, acrescentada ao citado *Livro*, conforme a edição com prefácio e notas de Mendes dos Remédios, Coimbra, França Amado Editor, 1917, p. 9.

atestavam o aumento da riqueza dos cofres reais com a exploração da África, Índia e Brasil:

> Vimos lhe fazer Belem
> cõ ha gram torre no mar,
> has casas do almazem
> com armaria sem par
> fez soo el rey que deos tem:
> vijmos seu edificar,
> no reyno fazer alçar
> paços, igrejas, mosteiros
> grandes, pouos caualleiros,
> vij ho reyno renouar.[14]

Nessa Lisboa, que assim crescia, porém, o cronista lamentava na parte social uma certa desenvoltura e falta de disciplina, o que aparecia ante seus olhos de homem da corte como ausência de maior rigor do governo e frouxidão de normas disciplinadoras, em meio ao progresso geral:

> Lixboa vijmos crescer
> em poucos, & de grandeza,
> & muito se nobrescer
> em edificios, riqueza,
> em armas, & em poder.
> porto & tracto nõ ha tal,
> ha terra non tem ygual
> nas fructas, nos mãtimẽtos,
> gouverno, bõos regimentos
> lhe fallesce, & non al.[15]

---

[14] Garcia de Resende, *Miscelânea*, cit., p. 20.

[15] Garcia de Resende, *Miscelânea*, cit., p. 66.

Na verdade, com a expansão da cidade para além das antigas cercas — a moura, vinda de 1174, com 605 x 440 m, a fernandina, de 1373-75, com 5.350 m^2 — na direção da Ribeira e ao longo do rio Tejo, é claro que teria que mudar também a gente que a habitava (o núcleo urbano de 65 mil habitantes do censo de 1411 atingirá mais de 100 mil em 1551). E isso se traduziria desde logo no requintamento de pormenores burgueses das roupas, o que aos olhos severos do cronista aparecia como efeminamento dos antigos trajes cavaleirescos ricos em metais, do tempo dos ginetes:

> Vijmos cadeas, collares,
> ricos tecidos, espadas,
> cinctos, & cinctas lauradas,
> punhaes, borlas, alamares,
> muytas cousas esmaltadas:
> arreos quanto lustrauam,
> dourauã muito & honrauam:
> soo com vestidos frisados,
> com taes peças arrayados
> hos galãtes muito andauã.
>
> Agora veemos capinhas,
> muito curtos pellotinhos,
> golpinhos & çapatinhos,
> fundas pequenas, mulinhas,
> gibõeszinhos, barretinhos,
> estreitas cabeçadinhas,
> pequenas nominaszinhas,
> estreitinhas guarnições,
> & muyto maas inuenções,
> pois q̃ tudo sam cousinhas.[16]

---

[16] Garcia de Resende, *Miscelânea*, cit., p. 63.

As origens da canção urbana

E isso apenas entre os homens, porque, no que se referia às mulheres — principalmente as das camadas da burguesia urbana mais beneficiadas pela nova ordem comercial —, sua entrada no mercado como compradoras potenciais da novidade dos bens de consumo chegava a ser assustadora:

> Gastos muy demasiados
> vemos nas dõnas casadas,
> em joyas, prata, laurados,
> perfumes, & desfiados,
> tapeçarias dobradas,
> has conseruas, ho comer,
> vestidos, donzellas tẽer,
> has camas, & hos estrados;
> vijmos per vijnte cruzados
> luuas de coiro vender.[17]

Tratava-se, pois, do advento de uma nova mentalidade feminina, capaz em verdade de causar preocupação nos responsáveis pelos padrões tradicionais, uma vez que a ousadia de tais mudanças logo se estenderia ao comportamento pessoal e à tomada de atitudes até então exclusivamente masculinas, como a de consumir bebidas alcoólicas:

> as portuguesas hõradas
> vijmos por deshonra auer
> no rostro & face põer
> & trazer auerdugadas,
> & tambem vinho beber.
> por desonestas auiam
> as que taes cousas faziam,
> depois foram tam vsadas,

---

[17] Garcia de Resende, *Miscelânea*, cit., p. 79.

todos q̃ haã ã has passadas
nẽ sabiam, nem viuiam.[18]

E o pior, aos olhos dos representantes do poder ligados à nobreza — como era o caso exatamente do antigo "Moço da Escrevaninha" ou secretário particular de D. João II em 1491, Garcia de Resende —, é que esse liberalismo burguês da sociedade vinha acompanhado de um cosmopolitismo que sujeitava os "naturais" à competição com estrangeiros até nos campos da exploração do trabalho e da obtenção de formas de renda, como eram os ofícios, com prejuízo evidente para os antigos detentores de privilégios:

> Ha cubiça muy lembrada,
> nobleza bem esquecida,
> manhas nõ valerẽ nada,
> deuaçam desbaratada,
> caridade destruyda,
> hos sesudos mal julgados,
> sandeus desemuergonhados
> valer com seus arteficios,
> estrangeiros com oficios,
> & senhores engãnados.[19]

Desencadeava-se, assim, realmente, uma quebra em cadeia de velhos valores, e destinada a atingir, inclusive, as relações com o campo, onde os produtores aprendiam a reproduzir as tricas e manhas do mercado competitivo, através da imitação das espertezas dos mercadores das cidades, com prejuízo para a nobreza detentora das terras:

---

[18] Garcia de Resende, *Miscelânea*, cit., p. 79.

[19] Garcia de Resende, *Miscelânea*, cit., p. 69.

> E vijmos ja lauradores
> pagar seus dizimos bem,
> pagar bem a seus senhores,
> darlhe Deos ãnos melhores
> dos que lhes agora veem:
> trigo, ceuada, centeo
> furtam quasi de permeo,
> & deitam terra no pam;
> sam tã maos os ã maos sam,
> que de Deos nõ tem receo.[20]

O resultado de tal abalo nas relações de produção, origem de todos esses desvios, ia ficar patente não apenas nas mudanças de comportamento das pessoas, mas na própria composição da sociedade: com o afrouxamento dos laços que compunham o antigo sistema, a teia social se rompe aqui e ali, deixando aparecer as pontas soltas representadas pelos que escapavam à exploração do trabalho:

> Vijmos muitos ociosos
> sem querer nada fazer,
> deixar ho tempo perder;
> & dos bõos, & virtuosos
> nõ lhes minguar que dizer:
> pellas praças, pellas ruas,
> sem verem has vidas suas,
> andam vagamudeando,
> ho tempo muy mal gastado,
> & has mãos, & linguas cruas.[21]

---

[20] Garcia de Resende, *Miscelânea*, cit., p. 74.

[21] Garcia de Resende, *Miscelânea*, cit., p. 77.

Ora, parece claro que, entre as atividades desses que andavam "vagamudeando" pelas ruas estaria — entre outras "cousas de plazer" — a busca de novas formas de expressão pessoal, inclusive musicais. E isso tal gente agora preocupada apenas em rir, folgar, zombar e motejar não hesitaria em fazer sob a forma de imitação ou adaptação, para seus fins, dos gêneros e estilos literários do tempo, como seria o caso do aproveitamento dos versos dos poetas para letras de músicas, ou seja, "trouar trouas que eram para leer":

> Vijmos rir, vijmos folgar,
> vijmos cousas de plazer,
> vijmos zombar, apodar,
> motejar, vijmos trouar
> trouas que eram para leer.[22]

E, de fato, dessas experiências devem ter resultado pelo correr do século XVI muitas formas novas de fazer musical, como a que o próprio Garcia de Resende atribuía ao músico de nome Francisquilho, que com toda a sem-cerimônia ("sem razam"), juntava canto e acompanhamento no que já constituiria exemplo de melodia solista acompanhada:

> Musica vijmos chegar
> aa mais alta perfeiçam,
> Sarzedo, Fonte, cantar
> Francisquilho assi juntar
> tanger, cantar, sem razam.[23]

---

[22] Garcia de Resende, *Miscelânea*, cit., p. 64.

[23] Garcia de Resende, *Miscelânea*, cit., p. 65.

As origens da canção urbana

4.
"GRANDEZA DE LISBOA", ANONIMATO DA MASSA

Quando não existissem outras informações documentais capazes de atestar a modernidade de Lisboa no século XVI, uma simples observação admirada do visitante padre Duarte de Sande, em 1584, ante os prédios de vários andares da Rua Nova e seus moradores, serviria para a comprovação: "Há nesta rua, além d'outras coisas, edifícios admiráveis, de tantos pavimentos e com tantos inquilinos, que não se conhecem uns aos outros, nem de cara, nem de nome".[24]

Com tal observação o padre Duarte de Sande apontava, com toda a clareza, o que viria a constituir, no futuro, o traço da vida urbana mais distintivo dos centros populacionais de grande complexidade: o anonimato, que explica o conceito de massa como reunião de indivíduos sem qualquer vínculo aparente dentro de um mesmo espaço social.

Em verdade, não apenas nessa famosa rua de grande comércio, com seus sessenta palmos na maior largura, mas em muitas outras — pois, no dizer de Cristóvão Rodrigues de Oliveira (que dava 10 mil prédios de moradia a Lisboa em 1551), "as mais das casas são de dois, três, quatro e cinco sobrados" — coexistia em apertada densidade demográfica, por aqueles meados de 1500, uma população de mais de 100 mil moradores empregados nas mais "desvairadas" atividades que alguém pudera imaginar.

---

[24] Padre Duarte de Sande, em seu diário em latim da missão japonesa a Roma, traduzido na parte referente a Portugal por Antônio José de Figueiredo e publicado sob o título de "Lisboa em 1584: primeira embaixada do Japão a Europa", *Arquivo Pitoresco*, vol. VI, Lisboa, 1863, p. 86.

Segundo os dois levantamentos censitários realizados em Lisboa quase simultaneamente pelo "guarda-roupa do arcebispo" Cristóvão Rodrigues de Oliveira em 1551, e pelo escudeiro e rendeiro de impostos João Brandão em 1552, a força de trabalho da cidade, calculada em cerca de 50 mil pessoas (39 mil homens e 11 500 mulheres, segundo João Brandão), pulverizava-se em quase três centenas de atividades profissionais e serviços, o que vinha revelar o nível de avanço da divisão do trabalho na capital, àquela altura de Quinhentos.[25]

Uma característica do tempo, aliás, foi exatamente a explosão do antigo quadro de controle das atividades profissionais herdado da Idade Média, o que se podia demonstrar pelo confronto de dois documentos contemporâneos: enquanto o Livro de Regimento dos Ofícios Mecânicos, de 1572, acusava apenas 101 tipos de profissões devidamente registradas (e portanto sujeitas

---

[25] Os levantamentos citados são os de Cristóvão Rodrigues de Oliveira, *Sumário ẽ que brevemente se contem algumas cousas (assi ecclesiasticas como seculares) que ha na cidade de Lisboa*, Lisboa, Edição Casa do Livro, 1939, com apresentação e notas de A. Vieira da Silva; e de João Brandão, *Tratado da magestade, grandeza e abastança da cidade de Lisboa na segunda metade do século XVI (Estatística de Lisboa de 1552)*, Lisboa, separata do tomo 11º do Arquivo Histórico Português, com notas e comentários de Braamcamp Freire e José Joaquim Gomes de Brito, 1923. Os números indicados por um e outro recenseadores no que se refere às muitas atividades profissionais do tempo — para Cristóvão de Oliveira, total de 169 ofícios e atividades, sendo 94 masculinos e 75 femininos; para João Brandão, 285 "tratos e ofícios", sendo 236 de homens e 49 de mulheres — não perdem valor por sua discrepância. Tal como lembra o anotador da *Estatística de Lisboa de 1552*, Gomes de Brito, os números servem "para nos fornecer uma ideia aproximada da intensidade da vida industrial e comercial da cidade de Lisboa nos meados do século XVI" (*Tratado*, cit., p. 270). Levantamento realizado pelo autor deste livro com base nesses dois censos e em outros documentos da época — inclusive da área literária, principalmente o teatro — conduziu a número próximo das três centenas de atividades profissionais nos campos do trabalho produtivo, de comércio e serviços.

a associações corporativas), o Livro de Lançamento e Serviço (interessado em tudo o que envolvesse pagamento de sisas e direitos), registrava 288 profissões, o que conferia com os números apurados por João Brandão.

O traço mais moderno dessa súbita tendência para a divisão do trabalho na Lisboa quinhentista seria, porém, o da proliferação dos serviços urbanos. Em seu *Quadros para uma viagem a Portugal no século XVI*, o historiador Antônio Borges Coelho chamaria a atenção para esse pormenor, ao escrever:

> "Na própria cidade se pode desfrutar, por aluguer, de vários serviços: os das lavadeiras e ensaboadeiras, das mulheres de limpeza (negras da canastra), das aguadeiras (negras do pote), dos vendedores de aguardente, ou comprar refeições cozinhadas de antemão e dirigidas em especial a braçais e a forasteiros."[26]

Essa evidente resposta a necessidades sociais novas ia atingir requintes que serviam para indicar a profundidade das mudanças na estrutura econômica, situadas na sua origem. Em 1560, por exemplo, o embaixador francês Jean Nicot (cujo nome seria perpetuado no termo *nicotina*, para designar o alcaloide descoberto nas folhas de fumo brasileiro que enviara de Portugal para estudos em Paris) revelava em uma de suas cartas — datada de 25 de setembro, ao abrigo de Limoges — o grau de especialização a que chegavam em Lisboa os serviços profissionais. Após contar ao bispo que comprara um escravinho de Cabo Verde de dez anos de idade em mau estado físico, "em consequência do mau tratamento do mar, ao que diz o mercador", e além do mais inchado pelo hábito de comer terra, acrescentava: "e para lhe ti-

---

[26] Antônio Borges Coelho, *Quadros para uma viagem a Portugal no século XVI*, Lisboa, Editorial Caminho, 1986, p. 84.

rar o vício entreguei-o a uma mulher que exerce a profissão de curar escravos recém-chegados".[27]

Quer dizer: a realidade do tráfico de escravos da África, tendo transformado Lisboa em entreposto de venda de negros desde meados do século anterior, justificava a existência na cidade não apenas de "sessenta, setenta mercadores de escravos" — segundo apontava João Brandão — mas o surgimento de especialistas nos problemas derivados desse comércio de humanos, como demonstrava a existência dessa senhora capaz de tratar até de casos de geofagia, o estranho hábito tão comum entre escravos africanos que, no Brasil, receberia o nome popular de *papa-terra*.

Entre esses novos serviços urbanos típicos de uma sociedade cada vez mais afastada do esquematismo de vida herdado da Idade Média, um estava destinado a revelar-se original em face a tudo o que se conhecia na Europa do tempo. A revelação desse serviço público sem paralelo seria feita por um contemporâneo merecedor de todo o crédito, o cosmopolita humanista-diplomata Damião de Góis, ao anotar em sua *Descrição da cidade de Lisboa*, datada de 1554 (escrita em latim com o título de *Urbis Olisiponis Descriptio*):

> "Em frente ao posto [antigo posto fiscal], aparece a Praça que se chama Pelourinho Velho; aqui se veem sempre muitos homens, sentados diante de mesas, aos quais se pode dar o nome de tabeliães ou amanuenses, embora não tenham cargo oficial. Ganham a vida deste modo: ouvindo os que a eles acodem e lhes expõem as suas intenções, escrevem folhas de papel que entregam aos requerentes, recebendo a paga conforme o

---

[27] Trecho da carta de Jean Nicot de 25 de setembro de 1560 ao bispo de Limoges, *apud* Rodrigues Cavalheiro e Eduardo Dias, *Memórias de forasteiros, aquém e além-mar: séculos XII-XV*, Lisboa, Livraria Clássica, 1945, p. 172.

assunto, de modo que sempre estão a postos para redigir cartas, mensagens amorosas, elogios, discursos, epitáfios, versos, louvores, orações fúnebres, petições, notas e coisas deste jaez que se lhes pedem. Nunca vi fazer coisa semelhante noutras capitais da Europa. Por tudo isto facilmente se pode avaliar a grandeza de Lisboa e o número dos seus habitantes."[28]

Tratava-se, pois, de um serviço de escritos à minuta, executado por escreventes profissionais à disposição do público, com mesas dispostas ao ar livre, e cujo número subia a doze, segundo Cristóvão Rodrigues Oliveira, ao registrar em seu *Sumário* de 1551:

"No cabo desta rua [Nova d'El Rei] a oriente está a Alfândega Velha onde se reconhece mercadoria, que tem diante uma praça em que continuamente estão doze escrivães com mesas, escrevendo com licença da cidade; fazem todas as cartas e petições e toda maneira de escritura a quem por isso lhe dá algum prémio."[29]

A movimentação e o colorido que deviam resultar da prática de tão diferentes atividades, em meio ao vaivém da massa no

---

[28] Damião de Góis, *Lisboa de Quinhentos: descrição de Lisboa*, tradução do texto latino de Damiani Goes, *Equitis Lusitani Urbis Olisiponis Descriptio*, por Raul Machado, Lisboa Livraria Avelar Machado, s/d (1937), pp. 48-9. A atividade de escrevente de rua ia continuar pelos séculos seguintes por toda a Europa: uma foto mostra um "escrevente público em Nápoles no século XIX, época da anexação da ex-capital do Reino das Sicílias à Itália" (ver *Fotografia, usos e funções no século XIX*, São Paulo, Edusp, 1992) — e depois passaria às Américas: no Rio de Janeiro e em São Paulo ainda hoje são encontrados esses profissionais na atividade, atuando ao ar livre, como na Lisboa do século XVI.

[29] Cristóvão Rodrigues de Oliveira, *op. cit.*

relativamente reduzido espaço urbano da Lisboa quinhentista, não deixavam de impressionar os visitantes estrangeiros, levando um deles, o florentino Filippo Sassetti, a superestimar sob esse impacto do burburinho das ruas o próprio número da população de Lisboa: "Os habitantes de Lisboa podem ser uns 250 mil, entre cristãos velhos, cristãos novos e escravos". Número demasiado esse que, não obstante, Sassetti não tinha dúvida em tomar como ponto de partida para outro cálculo exagerado, certamente sugerido pela quantidade de escravos negros africanos, moreno-mouros, e amarelos "Chins e Japoens" com que topava por toda a parte: *"al credere mio saranno* [os escravos] *la quinta parte delle genti che ci sono"*.[30]

No que o visitante italiano não se enganava, era na observação de um fato que, afinal, explicava, como reflexo, a própria variedade do quadro urbano descrito: a existência de intensa atividade das trocas com base no dinheiro, "que aqui corre em abundância", como fazia questão de anotar.

---

[30] *Lettere di Filippo Sassetti, 1570-1588*, Milão, Biblioteca Clássica Econômica do editor Eduardo Sonzogno, 1880. A citação é da carta a Baccio Valori, de Florença, datada de Lisboa, 10 de outubro de 1578. Considerada uma população de 250 mil habitantes, a quinta parte equivaleria a 50 mil, o que torna esse número impensável para fixar a quantidade de escravos de Lisboa, avaliada em quase 10 mil por Cristóvão Rodrigues de Oliveira em seu *Sumário*.

5.
A "BOA AVENTURA" DO "VIVER A SEU PRAZER"

A confirmação da existência, na Lisboa de meados do século XVI, dessa ativa circulação de moeda, característica do mecanismo das relações entre as pessoas nas sociedades de caráter moderno, configurava-se, por sinal, em uma das mais curiosas figuras de prestadores de serviços registrada por Cristóvão Rodrigues de Oliveira em sua estatística de 1551: a cambadeira. É que, ao lado dos cambadores ou cambistas especializados na troca de moedas em geral, a realidade da prática do pequeno comércio gerara a atividade absolutamente nova e original das cambadeiras de ceitis, isto é, as mulheres que — certamente em troca de pequeno ágio — ofereciam pelas ruas dinheiro miúdo para troco.

Entre o grande número de mulheres recrutadas para tais especialíssimas funções, na área dos serviços urbanos, figuravam ainda as que rapavam púcaros, as que perfumavam luvas e as que, sob o nome de cristaleiras, se entregavam (inclusive à noite, correndo as ruas munidas de lanternas) à tão delicada quanto íntima operação de "deitar ajudas", ou seja, aplicar cristéis a domicílio.[31]

---

[31] A atividade das cristaleiras (que subiam a vinte em Lisboa de 1551, conforme o *Sumário* de Cristóvão Rodrigues de Oliveira), não cessaria até o século XVIII, quando chegam, inclusive, a tornar-se tema da literatura de cordel em, pelo menos, dois folhetos contando a história de uma desventurada Clara Lopes, chamada no primeiro de "exemplar das cristaleiras" e, no segundo, de "muito exemplar, e Reverenda Abadeça das Caríssimas Madres Cristaleiras". Os dois folhetos estão reproduzidos *in Horta de literatura de cordel*, de Mário Cesariny, Lisboa, Assírio e Alvim, s/d (1983).

Assim, pois, se a essas imprevistas profissionais femininas se somarem outros tantos homens que sob o nome de esparavelheiros faziam esparavéis ou franjas de pavilhões, cortinados ou sobrecéus de leitos, de ataqueiros que preparavam tiras de couro ou cordão para atacar ou apertar peças de vestuário, ou ainda os que sem designação especial catavam o lixo lançado às areias da praia à procura de objetos de valor, ou que em alguns prédios de moradia coletiva "davam camas" a braçais e gente da malta, não há como negar que Lisboa de meados de Quinhentos se apresentava já como *urbs* do meio burguês que despontava.

Para atender a essa nova sociedade urbana que assim surgia — e ao menos na área dessa massa popular algo difusa que começava a caracterizar as maiorias — não seria de estranhar que também novas formas de cultura e de lazer aparecessem.

Ao pretender-se demonstrar o momento do salto qualitativo na passagem histórica de um quadro de relações sociais para outro, não deixa de ser surpreendente como a simples fala de um personagem de teatro pode revelar-se às vezes mais demonstrativa e convincente do que a citação de muitos documentos.

Para o caso das mudanças que se operavam na sociedade de Lisboa do século XVI, um exemplo dessa contribuição do teatro para a compreensão da realidade histórica estaria na *Comédia Eufrosina*, de Jorge Ferreira de Vasconcelos, de 1555, quando na cena quinta do primeiro ato o jovem Andrade, moço do cortesão Zelotipo, deplorando o vínculo pessoal que o prendia ao senhor ("viver em servidão é mais triste que a morte, porque não há senhor que não tenha por razão a sua vontade"), concluía em seu solilóquio: "E eu tam parvo que aturo este, e nam vou antes me fazer obreiro: sabendo muito bem que quem em paço envelhece em palheiro morre".[32]

---

[32] Jorge Ferreira de Vasconcelos, *Comédia Eufrosina*, texto da edição prínceps de 1555 com as variantes de 1561 e 1566, edição, prólogo e notas de Eugenio Asensio, Madri, 1951, p. 78.

A reflexão do moço do cortesão — este, por sua vez, moço da câmara do Rei — vinha pôr em relevo, com a maior clareza, o desgaste do esquema de mando e obrigação medieval baseado nas figuras do senhor e do servidor, ante o novo sistema burguês de compra e venda da força de trabalho, sob a forma aparentemente dissociada das relações patrão e empregado. O que realmente incomodava, pois, o criado do cortesão Zelotipo (sujeito na casa do amo, em Coimbra, à vontade de toda a família: "aqui seu pai manda, a mãe manda e a irmã manda"), era o vínculo que o impedia de viver "a seu prazer", ou seja, sob a liberdade pessoal garantida pela neutralidade burguesa do pagamento dos serviços em dinheiro. E era o que o próprio Andrade confirmava logo adiante, ao justificar em diálogo com Cariófilo, amigo do amo, em Coimbra, sua preferência por Lisboa:

> "E mais na corte nunca lhe homem falta hum vintem, e aqui nam ha senão comer te o leyxar por diante, e nam posso acolher ceytil, e como dizem: terra que sey por madre a hey, tal he Lisboa em que nunca falece trato e da boa ventura pera todos."[33]

O trato de que não falecia Lisboa era o do rico e fácil contato humano, a que se somava a oportunidade de alguém acolher o seu ceitil numa daquelas muitas atividades produzidas pelas modernas necessidades da vida urbana. E isso quando não preferisse juntar-se, simplesmente, à malta de ocupação incerta ou informal, como era o caso dos que, sob a invocação de algum santo, andavam às esmolas pelas ruas: "os que pedem com caixas" contados em 1551 por Cristóvão de Oliveira, em seu *Sumário*, como sendo 52 homens e 22 mulheres.

Havia de ser pois gente como essa, disposta a viver o dia a dia na busca apenas da "boa aventura", que ajudaria a aumen-

---

[33] Jorge Ferreira de Vasconcelos, *Comédia Eufrosina*, cit., p. 85.

tar o ruidoso movimento dos servos e criados à volta do mármore do Chafariz del-Rei, dando a impressão aos estrangeiros desde fins do século XV — como aconteceria no Verão de 1494 com o cavaleiro polaco Nicolau de Popelau — serem todos aqueles que "dados ao folgar não gostam do trabalho". Impressão, aliás, que outro visitante, o florentino Ludovico Guicciardini, estenderia na primeira metade de Quinhentos ao povo de toda a Península, ao escrever em sua *Descrittione di tutti i paesi bassi*, de 1567, referindo-se ao trabalho, que "*delle quale fatiche gli Spagnuolli di bassa conditione, almeno nel loro paese sono inimicissimi*".[34]

Essa imagem que se formava na mente dos estrangeiros não deixava de ter seu fundamento porque, além daqueles 74 homens e mulheres pedintes com caixas e dos 552 recenseados em 1551 sob a rubrica de "pobres" por Cristóvão Rodrigues de Oliveira em seu *Sumário*, o número dos que em Lisboa procuravam acolher o seu ceitil na ociosidade crescia a tal ponto que já em 1538 o rei D. João III se vira obrigado a reiterar, através da Lei, capítulos celebrados nas Cortes de 1525 em Torres Novas, e em Évora em 1535, estabelecendo pena para os que mendigassem "sem necessidade".

Se assim se apresentava a rotina da vida nas ruas da capital do reino por aqueles meados de 1500, não seria de estranhar que, tal como se modernizavam e se ampliavam instituições e serviços, também se estivessem estruturando, àquela altura — embora sem alarde, dentro do processo geral — as condições necessárias para, em futuro próximo, atender igualmente às naturais exigências socioculturais que a realidade da nova sociedade urbana de massa ia acarretar.

Uma dessas exigências da vida social nos grandes aglomerados humanos das cidades modernas era a da criação de formas de lazer não apenas coletivas — o que de certa maneira já tradi-

---

[34] Ludovico Guicciardini, *Descrittione di tutti i paesi bassi*, Antuérpia, 1588 (a 1ª edição é de 1567).

cionalmente se supria com as grandes festas de regozijo oficial e as animadas procissões (como a de *Corpus Christi*, que desde fins do século XIII incluía teatro e danças) — mas que se dirigissem agora a grupos distintos de público (representações ao ar livre, touradas etc.), ou, finalmente, à diversão em pequena sociedade (danças de salão, teatro em casa) e ainda ao prazer pessoal (como logo seria o caso da canção para interpretação e acompanhamento individual).

De fato, as respostas a essas necessidades culturais decorrentes das mudanças de composição do substrato social começam a aparecer durante o século XVI, como parte não pequena daquelas "novas novidades" citadas pelo cronista Garcia de Resende. E, para prová-lo, bastariam alguns dos dados recolhidos em 1551 pelo autor do *Sumário* daquelas "cousas assi ecclesiasticas como seculares que ha na cidade de Lisboa".

Para começar, contra apenas quatro escolas de esgrima — que exprimiam o ideal da sociedade guerreiro-cavaleiresca do tempo da "Ensinança de bem cavalgar toda a sela", de D. Duarte — Cristóvão de Oliveira encontrava na Lisboa de 1551 nada menos de catorze escolas públicas de dança, número que não limitava o campo de interesse de tal exercício lúdico, pois o próprio recenseador acrescentava: "Afora que há homens que ensinam a pessoas nobres em suas casas". Ora, como a essas escolas (e quem sabe lá quantos mestres de danças estabelecidos e particulares mais) vinham somar-se, segundo o *Sumário*, treze escolas de canto e órgão responsáveis pelo número comprovado de 150 cantores na cidade, é fácil imaginar a extensão das atividades artísticas já então dirigidas ao lazer. E isso explicaria as oportunidades de trabalho que justificavam a existência em Lisboa de vinte tangedores de tecla, vinte de charamelas, doze de trombetas e oito de atabales, componentes da categoria dos profissionais ao serviço da grande música religiosa e profana do momento.

É bem verdade que esses dados, pelo próprio tipo das instituições e características dos instrumentos citados, configuravam um quadro apenas do mundo da música por assim dizer oficial, mas — e apesar de uma certa dispersão das informações — outras referências do recenseador não deixariam de fornecer uma ideia de como se estendiam tais oportunidades de gozo e do lazer também à maioria dos já tão reconhecidamente "dados ao folgar".

A julgar pelos números neste ponto muito aproximados dos censos de Cristóvão de Oliveira e João Brandão, o cultivo de cantigas e bailadas (como então se chamavam os versos cantados das danças) devia ser bem maior entre as camadas baixas da capital do que é dado hoje imaginar. E isso porque não apenas o número dos fabricantes de violas se revelava surpreendente — dezesseis, segundo o *Sumário*, quinze conforme o *Tratado da majestade, grandeza e abastança da cidade de Lisboa* — mas também o dos fabricantes de cordas para instrumentos populares (quatro pelo *Sumário*, dez segundo o *Tratado*) fazia supor a existência de mercado amplo na área das diversões das maiorias.[35] Mercado certamente tão ativo, aliás, que explicava a criação na cidade de pelo menos uma "escola de ensinar a tanger viola", anotada por João Brandão.

Essa ideia do dinamismo das atividades à volta do exercício do lazer urbano da Lisboa de meados de Quinhentos ainda mais se acentua quando se acrescenta ao número desses profissionais dedicados aos instrumentos de corda quatro carpinteiros especializados em fazer pandeiros e dois outros em fazer adufes. Seriam estes os humildes *luthiers* do povo, que o *Sumário* apontava ao lado do quase igual número de artesãos envolvidos com o instrumental da música da nobreza e do clero: quatro carpinteiros de manicórdios e três de órgãos.

---

[35] João Brandão registra, expressamente, o caráter manufatureiro da atividade ao usar em seu *Tratado* não a expressão "homens que fazem" (o que indicaria atividade meramente artesanal), mas "Têm tendas de fazer cordas de viola... quer dizer 10. p.ᵃˢ". "Têm tendas" indica o trabalho em local aberto ao público, devidamente aparelhadas para o exercício da atividade de produção.

As origens da canção urbana

Ora, se havia por aqueles meados do século XVI produção de instrumental destinado a atender em Lisboa a um mercado ligado a atividades oficiais e particulares envolvendo a atuação de músicos profissionais ou amadores (igualmente captados em bom número pelos censos estatísticos), seria o caso de saber que tipo de gente constituía a clientela de seus produtos e o público da arte que deles certamente se originava.

6.
CANTIGUINHAS DE UMA "CERTA RELÉ"

É curioso verificar, através da movimentação dos personagens dos autos e comédias urbanas do sempre tão realista teatro português de Quinhentos — desde os vicentinos *Quem tem farelos?*, de 1509, e da *Farsa de Inês Pereira*, de 1523, à *Cena policiana*, de Anrique Lopez, de 1597, passando pelos autos de Antônio Ribeiro Chiado e pelas comédias de Jorge Ferreira de Vasconcelos, de meados do século — como a vida das camadas populares já se organizava com caráter moderno nas maiores cidades, durante o período de explosão comercial-manufatureira que, no plano cultural, receberia o nome de Renascimento.

Em sua comédia *Aulegrafia* (título desde logo expressivo, pois queria dizer "descrição da corte"), Jorge Ferreira de Vasconcelos, escrevendo talvez em 1554, fazia seu Autor Momo anunciar no Prólogo a intenção de mostrar "a compostura-trasladada ao natural" de "certa relé" de moços de espora, criados e mesmo "rufistas da osma" (chusma de marginais), que "correm campo" ao "estilo de certos almograves" (guerrilheiros árabes que atacavam de emboscada), atrás de mulatas, moças de balaio ou iças roqueiras (mulheres de vida livre que produziam fios em rocas), a quem recitavam trovas, vilancicos ou cantigas ao som das violas simplificadas chamadas de guitarras.

Isso queria dizer que as camadas mais baixas do novo quadro social resultante do aumento da divisão do trabalho nas cidades de maior concentração populacional se mostravam capazes de organizar suas próprias formas de lazer, embora com escândalo das pessoas mais refinadas. Em outra comédia também de meados de Quinhentos, a *Ulissipo*, o mesmo Ferreira de Vasconcelos ia mostrar como tais integrantes dos escandalizados grupos burgueses viam, à distância, essas formas populares de comportamento social, e que diferença notavam nelas em relação à sua posição mais "elevada". Na sexta cena do segundo ato da comédia, o escudeiro Regio ("galante amorudo" que citava a *Arte de amar*, de Ovídio, e o *Cárcel de amor*, de Diego de San Pedro), opondo a delicadeza dos amantes bem-educados à grosseira busca de prazer do populacho, ponderava:

> "Bailem cabrões de sol a sol com mulatas, estimem seus folguedos, gostem de devaças, façam pagodes, sofram seus atrevimentos, façam-lhe fero, e ocupem-se em quantos conluios, e sensaborias ha nesta negociação; e a mim dêm-me hum assomar a uma janela uma bela ninfa, que é mais aprazível que o romper da estrela da manhã pelo horizonte: um quebrar de olhos dissimulados antre gente, que faz arrepiar as carnes e ouriçar os cabelos com o visão."[36]

Realmente, era para essas belas reclusas em casarões burgueses, que estudantes, escudeiros e jovens namorados adeptos desse amor "contemprativo" recitavam trovas, glosavam velhos temas como os da "Retraída está la infanta" ou "Para que pariste madre", ou cantavam seus romances em serenatas, sob suas janelas, em troca apenas de um daqueles "quebrar de olhos dissimulados". A massa da osma, da cevadeira de rufistas ou da cambada vadia e perigosa dos obreiros, ao contrário de tais finezas, corriam efetivamente campo na busca de emoções amorosas mais palpáveis, em meijoadas ou pagodes nas hortas, ou em casas de

---

[36] *Comédia Ulissipo* (1547), de Jorge Ferreira de Vasconcelos, 3ª edição fielmente copiada por Bento José de Sousa Farinha, Lisboa, na Oficina da Academia Real das Ciências, ano MDCCLXXVII, com licença da Real Mesa Censória.

"damas de pecado". E isso, claro, sempre ao som de cantigas cujos versos de indisfarçável sabor popular ganhavam, às vezes, as glórias do sucesso público, como dava testemunho um insuspeito contemporâneo, o poeta cego Baltasar Dias. Em versos intitulados "Conselho para bem cazar" — divulgados pelas ruas de Lisboa em mãos de cegos vendedores de folhetos certamente antes de 1537 — o poeta moralista citava um mote ou cantiguinha colhida da voz geral, cujos versos diziam, com ironia, "que a mulher e a galinha se perdem pelo andar":

> Convem à mulher d'agora
> temperar-se no falar:
> e não ha muito de andar,
> porque ir muitas vezes fora
> faz a muitos mal cuidar.
> E tambem há de atentar
> um mote ou cantiguinha,
> que a muitos ouço cantar,
> que a mulher e a galinha
> se percam pelo andar.[37]

Em verdade, se o poeta guardou os versos na memória por ouvi-los cantados por "muitos", significa que já saíam então das camadas populares citadinas cantigas anônimas que, certamente, divergiam das do campo a partir do próprio espírito dos temas, como demonstrava o exemplo citado. Pelo tom dos conselhos do bom padre poeta às moças da cidade dispostas a chegar ao casamento dentro das regras morais do tempo, era preciso resistir ao costume feminino que começava a tornar-se comum entre a gente da nova sociedade: o "ir muitas vezes fora", ou saí-

---

[37] "Conselho para bem casar", *in* Baltasar Dias, *Autos, romances e trovas*, Biblioteca de Autores Portugueses, Lisboa, Imprensa Nacional/Casa da Moeda, s/d (1985), p. 378.

rem as moças e senhoras com frequência de casa, o que as sujeitava (como acontecia com as galinhas longe da vista dos donos) ao perigo do assédio pelas ruas.

Ao lado desse equivalente urbano das cantigas de tradição rural — das quais no entanto ainda se aproximavam, malgrado a diversidade dos temas, pela característica de servir de canto geral em meio ao bulício dos pagodes — figuravam desde fins do século XV, com o caráter já agora de canto solo, os romances da categoria dos "tonos ao humano", cultivados com intenção amorosa por escudeiros e estudantes namorados. Segundo lembraria Carolina Michaëlis de Vasconcelos no capítulo "Estudos sobre o romanceiro peninsular" de seu livro *Romances velhos em Portugal*, o *Cancioneiro geral* de Garcia de Resende incluía umas "Trovas à moda de carta. De D. João da Silveira a Pero Moniz e a D. Garcia d'Albuquerque (quando foram com D. João de Sousa a Castela, que foi embaixador) do que lhes havia de acontecer", em que o poeta antevia os dois fidalgos enamorados a cantar romances na Espanha, saudosos de suas damas. Segundo a previsão do poeta, a dupla de amantes, vendo-se só em terra estrangeira por aquele recuado ano de 1494, haveria certamente de entregar-se a "suspiros, falas frautadas, passeios solitários em noites de luar, e finalmente *cantar romance*: 'Mais am de cantar rromance/ em que cuidam que se entendem'".[38]

A referência do poeta D. João da Silveira devia corresponder certamente à realidade cortesã e urbana daquela virada do século, pois desde os primeiros autos de ambiente citadino de Gil Vicente — como seria exemplo o *Quem tem farelos?*, de 1509 — são escudeiros que se veem a "cantar e sempre tanger,/ suspirar e bocejar", como era o caso do personagem Aires Rosado, de

---

[38] Carolina Michaëlis de Vasconcelos, *Romances velhos em Portugal*, Coimbra, Imprensa da Universidade, 1934, p. 196. Os versos de João da Silveira, conforme indicava a autora, figuram no vol. III do *Cancioneiro geral de Garcia de Resende*, p. 358.

quem seu moço Aparício diria: "Sempre anda falando só:/ faz umas trovas tão frias,/ tão sem graça, tão vazias,/ que é coisa para haver dó".[39]

No entanto, como o próprio Aparício fazia saber depois em conversa com o criado de outro escudeiro, espanhol (em tudo semelhante ao português, como demonstrava o criado Ordunho ao dizer "*Otro mi amo tenemos!*"), os versos banais não o impediam de impressionar as damas com seu cantar cheio de efeitos de voz, enquanto se acompanhava à viola: "Meu amo tange a viola!/ Uma voz tão requebrada...".[40]

E era com essa voz requebrada que logo depois o escudeiro Aires Rosado, como expressamente indicava Gil Vicente, "tange e canta na rua à porta de sua dama Isabel, e em começando a cantar 'Si dormís, donzella', ladram os cães".[41]

A referência ao ladrar dos cães — que conferia comicidade à cena, com seu barulhento contraponto ao canto do escudeiro — explicava-se pelo fato de se tratar de uma serenata em meio ao silêncio da noite. E em que os versos, aliás, além de muito apropriados:

> *Si dormís, doncella,*
> *Despertad y abrid...*

soavam reveladores de uma atrevida sugestão amorosa que constituiria, por si só, um sinal dos novos tempos, a julgar pela conclusão da mensagem poética, quando "Prossegue o escudeiro a cantiga":

---

[39] Gil Vicente, *Quem tem farelos?*, in *Copilaçam de todalas obras de Gil Vicente*, vol. II, Lisboa, Imprensa Nacional/Casa da Moeda, 1983, p. 328.

[40] Gil Vicente, *Quem tem farelos?*, cit., p. 331.

[41] Gil Vicente, *Quem tem farelos?*, cit., p. 334.

*Que venida es la hora,
si quereis partir...*

Já existiam, pois, cantigas apropriadas para as serenatas dos namorados ao despontar do século XVI, mas a tradição — como logo adiante comprovaria Gil Vicente nesse mesmo auto do *Quem tem farelos?* — seria ainda aquele "cantar romance" citado pelo poeta D. João da Silveira. Preferência essa, por sinal, à qual também se referirá pelo mesmo final de Quatrocentos na Espanha o autor da comédia *La Celestina*, Fernando de Rojas, ao fazer o personagem Calisto consolar-se das aflições de seu amor por Melibeia ouvindo o moço Sempronio cantar-lhe, ao alaúde, os versos da "mais triste canção conhecida", o romance "Mira Nero de Tarpeya a Roma como se ardia".

Em Portugal, fora dos paços (onde vigorou entre os músicos da nobreza a tradição do alaúde, ou laúde, para as canções trovadorescas), o instrumento obrigatório para acompanhamento quer das cantigas bailadas do campo, cantadas em coro, quer dos romances monódico-recitativos (e das cantigas, vilancicos e vilancetes que dele se originariam) foi sempre a guitarra ou viola. Instrumento que, afinal, constituía versão popular da *vihuela* espanhola, e assim também derivado da "guitarra latina" (fundo chato, tampo paralelo, enfranque pouco marcado), com suas quatro ordens de cordas — a primeira singela, as outras duplas — que podia ser tocada de rasgado (acentuando o ritmo pela vibração conjunta das cordas), ou em pontiado, fazendo soar cada corda no que se chamaria "tocar por pontos".

Esses escudeiros namoradores eram, pois, inseparáveis das violas, como documentava em sua própria apresentação, em *A farsa de Inês Pereira*, de Gil Vicente, o personagem candidato à mão da moça ao proclamar: "Sei bem ler/e muito bem escrever,/ e bom jogador de bola,/ e quanto a tanger viola,/logo me ouvireis tanger". O que passava a demonstrar cantando "o romance de 'Mal me quieren em Castilla'", numa interpretação certamente tão cheia de efeitos de voz, para melhor acentuar a tristeza da história, que provocaria no judeu casamenteiro Vidal o comentário, dirigido a seu amigo Latão:

> Latão, já o sono é comigo
> como oivo cantar guaiado
> que não vai esfandegado.[42]

Bem entendido, queria dizer Vidal que achava a interpretação da história contada-cantada do romance monótona a ponto de dar sono, com o tom queixoso do seu guaiado (cheio de ais), sendo ele mais inclinado ao canto e acompanhamento de estilo esfandegado. E tal estilo — embora os dicionários, sempre baseados no do velho Morais, definam *esfandegado* como cansado, afadigado — só podia ser, por oposição à tristeza do guaiado, aquele vivo toque de rasgado das cantigas mais alegres. O que, aliás, parece comprovar o uso da mesma palavra esfandegado pelo contemporâneo Antônio de Lisboa no seu *Auto dos dois ladrões* — representado ao tempo do Conde de Vimioso (1515--1549) — ao pôr na boca de um personagem (por sinal também judeu) o desejo expresso de ficar longe das pelejas e matanças comuns na cidade e, assim, não ver "nem arruídos/ nem homens mortos feridos/ nem outros esfandegados/ que já nem tenho/ sentidos/ em ver tantos maus recados".[43] Ou, ainda, pela fala de outro judeu, Jacó, na *Farsa da Lusitânia*, de Gil Vicente, de 1532, que chega muito agitado e diz: "Ando muito esfandegado".

---

[42] Gil Vicente, *A farsa de Inês Pereira*, in *Copilaçam de todalas obras de Gil Vicente*, vol. II, cit., p. 446. Uma prova do gosto de Vidal pelas cantigas de ritmo mais vivo é fornecida na cena anterior, quando esse extrovertido judeu casamenteiro sugere ao escudeiro uma cantiga que ele mesmo canta — "Canas de amor, canas". Ora, esta era uma daquelas cantigas de estilo rural, cujos estribilhos os trovadores aproveitavam como motivo de suas canções atraídos exatamente pela viveza de seu ritmo dançante.

[43] Antônio de Lisboa, *Auto dos dois ladrões*, Rio de Janeiro, Instituto Nacional do Livro/Ministério da Educação e Cultura, 1969, p. 42.

E a convicção de que devia soar de fato aos ouvidos das pessoas de forma algo desalinhada o tal canto esfandegado (que assim se opunha à monótona regularidade do outro estilo, triste em seu guaiado), aparecia ainda no teatro da época no final da *Cena policiana*, de Anrique Lopez (uma réplica de 1587 à farsa do *Quem tem farelos?*, de Gil Vicente), quando após cantoria dos namorados sob a janela da Senhora e sua Moça, reivindica o Estudante para ele a parte mais saliente entre os que cantavam, por ser "o que garganteava", ou seja, o que requebrava a voz sobressaindo ao coro:

> *Estudante* — Na musica que aqui se deu
> nam vio o que melhor cantava
> *Moça* — Qual?
> *Estudante* — O que garganteava.
> *Moça* — Bẽ no ouvi.
> *Estudante* — Pois era eu.[44]

Essas invenções vocais enriquecedoras das interpretações — que começavam a distinguir estilos de canto-solo, antes mesmo de a sistematização da melodia acompanhada vir combinar melodia e harmonia sob a forma que depois caracterizaria a moderna canção popular urbana — chamavam a atenção como qualidade pessoal de alguns, e portanto digna de ser posta em destaque. De fato, já em 1543, na *Prática de oito figuras*, de Antônio Ribeiro Chiado, o personagem fidalgo Ambrósio da Gama diz a seu moço Faria que chame o colega Paiva, ordenando "que traga guitarra/ e cantará uma cantiga". E em seguida explica a seu amigo (o também fidalgo Gomes da Rocha, que lhe perguntara

---

[44] Anrique Lopez, *Cena policiana*, reprodução da versão de 1587 com notas de João Ribeiro na *Revista de Língua Portuguesa*, dirigida por Laudelino Freire, n° 2, novembro de 1919, Rio de Janeiro, p. 54.

"A quem tendes para cantar?"), a razão especial de sua escolha: "ho meu moço tem falinha/ para soo".[45]

Assim, como a seguir a indicação de cena reza "Aqui canta o moço chiste a hũa guitarra", não há dúvida de que Ambrósio da Gama, ao ressaltar que o criado tinha "falinha para soo", louvava-lhe as qualidades de cantor com voz e interpretação dignas de serem apreciadas enquanto se acompanhava à guitarra, em apresentação de canto solo talvez já valorizada por algum interesse rítmico-harmônico, no acompanhamento.

Numa época em que uma mesma música podia servir de suporte para diferentes composições em versos — e na edição de 1566 da *Comédia Eufrosina*, de Ferreira de Vasconcelos, o personagem Cariófilo critica os fazedores de romances populares sob o argumento de que nunca saem dos "primeiros tratos: e tangem tudo sobre o 'Conde Claros'" — esse novo estilo de canto constituía por certo algo já capaz de permitir aos ouvintes não apenas assimilá-lo como um todo, mas estabelecer também preferência por algum de seus componentes: a *letra* ou a *soada*. Segundo comentariam na mesma *Comédia Eufrosina*, ante uma cantiga, as jovens Eufrosina e sua amiga Silvia de Sousa, à primeira agradava mais a música, mas a segunda insinuava que também a letra, pela forma como a ouvia cantar, ao cravo:

> *Silvia* — Que cousas hũa alma agora fezera se vos ouvira!
> *Eufrosina* — Eu sou muyto desta cantiga pela soada.
> *Silvia* — E também pela letra, no cravo a põe ela por estremo.[46]

---

[45] Antônio Ribeiro de Chiado, *Prática de oito figuras*, Lisboa, O Mundo do Livro, 1961, reprodução fac-similada do folheto sob esse título conservado sob n° 218 na Miscelânea da Secção de Reservados da Biblioteca Nacional de Lisboa.

[46] Jorge Ferreira de Vasconcelos, *Comédia Eufrosina*, cit., p. 260.

É de compreender-se, pois, que mesmo sem contar ainda com o recurso ornamental da combinação dos acordes (mas que não tardariam a aparecer para aumentar a sedução musical no acompanhamento das melodias cantadas), a interpretação dos romances com intenção lírica ou sentimental e as cantigas amorosas já começassem, nas cidades — graças aos efeitos interpretativos de requebrados de voz e guaiados — a conferir ao canto individual acompanhado o fascínio que breve faria aparecer a canção de amor popular. E seria ainda o teatro seiscentista que se encarregaria de documentar essa trajetória prestigiosa do cantar amoroso, quando no anônimo *Auto de D. André*, de 1581, o irmão do pajem da família — um ratinho por essa interferência familiar admitido ao serviço da casa — descobre que só a música lhe permitiria conquistar o coração da criada Ilária. Assim, começa imediatamente a aprender a tocar guitarra para equiparar-se aos namorados da cidade, partindo, como a maioria do romance do "Conde Claros", cujo acompanhamento — talvez a sublinhar mero recitativo — permitia tocar quase sem variar os sons, ou seja, pela forma simplificada, sem sair dos "primeiros tratos":

>   Entra o ratinho vestido
>   já como page fazendo o conde
>   Claros nhũa guitarra, e diz

>   "Ora sus alto calar
>   q̃ segundo eu tengo geyto
>   antes do mes acabar
>   ey de aprender a eyto
>   muy bem tanger e cantar."[47]

---

[47] *Auto de D. André*, fac-símile de um dos quatro exemplares impressos como folhetos de cordel para a venda pública em mãos de cegos no século XVI, in *Autos portugueses de Gil Vicente y de la escuela vicentina*, organização de Carolina Michaëlis de Vasconcelos, Madri, 1992.

O objetivo da decisão ficava claro no solilóquio do próprio ratinho, homem simples do interior, ao concluir após uma série de lamentações sobre as dificuldades do aprendizado ("estes rascões/ sam mais piores q̃ bichos/ senam tendes patacões/ nam nos querem dar lições"; "Esta ha de ser a primeira/ estoutra aqui/ é entam sasquer assi/ e erguer estoutro em cima/ já errei merda pera mi"), que o trabalho de aprender a tocar guitarra, afinal, valia bem a pena:

> Doce cousa he o tanger
> sua musga he sotil
> quem o sabe bem fasquer
> nam lhe faltara o comer
> em q̃ não tenha hũ ceitil.[48]

E ainda mais valia a nova habilidade, segundo considerava o ratinho transformado em moço de servir na cidade, pelo prestígio que certamente lhe garantiria a arte no caso da volta à província natal, como já podia antever ("porque ja o esto vendo/ aora que fora de ca"):

> Se eu acerto daprender
> como eu em Deos confio
> ha a terra mey de colher
> e meu pai e mais meo tio
> ham de pasmar de me ver
> Então ham de estar dizendo
> embora tu foste la
> onde estou q̃ não aprendo
> porque ja o esto vendo
> aora que fora de ca.[49]

---

[48] *Auto de D. André*, cit., s/n de página.

[49] *Auto de D. André*, cit., s/n de página.

As origens da canção urbana

A razão do sucesso do surgimento dessa nova forma de canto solo da cidade estaria em que, ao contrário das cantigas tradicionais do mundo rural até então dominantes — onde canto, música e dança se fundiam num todo, representado pela comunhão dos movimentos do corpo e das vozes em coro — agora a melodia acompanhante começava a disputar com as palavras a preferência dos ouvidos.

7.
QUANDO OS "ÍNFIMOS" CANTAM AMORES

A trajetória criativa que levaria à moderna canção popular urbana começa na segunda metade do século XV, quando o cantar amoroso — representado desde o século XII pelas cantigas de amor trovadorescas, compostas por poetas-músicos palacianos, e divulgadas ante público mais amplo no repertório dos jograis — de certa maneira se democratiza e passa a ser cultivado por autores "ínfimos", para alegria da "gente baixa e de servil condição".[50]

Tudo se articulava, de fato, com as modificações então em curso nas formas de relação entre as pessoas nos grandes centros, o que, como se viu, resultava da diversificação das atividades urbanas, capazes agora de integrar cada vez mais as mulheres na vida social, em parte como trabalhadoras, em parte como consumidoras ou participantes ativas nas novas formas de lazer.

Assim, é claro que retiradas pouco a pouco de seu antigo regime de reclusão — aliás, nunca tão generalizado entre as camadas populares, onde o trabalho feminino sempre existiu — as mulheres (ou episódios sentimentais envolvendo sua relação com os homens) puderam passar a motivo central do jogo amoroso,

---

[50] As expressões são do nobre poeta espanhol Iñigo Lopez de Mendoza (1398-1458), Marquês de Santillana, no "Proemio" de sua "Carta al Condestable de Portugal" (D. Pedro), de 1449, que constitui o mais antigo ensaio crítico-literário escrito na Península Ibérica. A carta de Lopez de Mendoza acompanha cópias de suas obras enviadas ao condestável.

através de mensagens postas em música sob as mais variadas formas e denominações.

Para comprovar esta afirmação, bastaria lembrar que em sua juventude, passada na corte de D. João de Castela (D. João II, 1419-1454), o espanhol Diego de San Pedro já observava em seu *Cárcel de amor*, no capítulo sugestivamente intitulado "Da Leriano veinte razones por que los ombres son obligados a las mugeres":

> "*La dezisiete razón es porque nos conciertan la musica y nos hazen gozar de las dulcedumbres della. ¿Por quién se assuenan las dulces canciones? ¿Por quién se cantan los lindos romances? ¿Por quién se acuerdan las voces? ¿Por quién se adelgazan y solitilizan todas las cosas que en el canto consisten?*"[51]

Na 16ª razão, aliás, o autor já apontara que "*por las mujeres se inventam los galanes entretalles, las discretas bordaduras, las nuevas invenciones*". E neste ponto indicava mesmo que, entre estas novidades, estariam formas de cantos amorosos, como logo confirmava na 19ª razão de se deixarem os homens prender pelas mulheres:

> "*La dezinueve razón es porque afinan las gracias: los que, como es dicho, tañen y cantan, por ellas se desvelan tanto que suben a los más perfecto que en aquella gracia se alcança; los trobadores ponen por ellas tanto estudio en lo que troban que lo bien dicho hacen parecer mejor, y en tanta manera se adelgazan que propriamente lo que sienten en el coraçón ponen*

---

[51] Diego de San Pedro, *Cárcel de amor*, edição de Enrique Moreno Báez, Madri, Cátedra, Colección Letras Hispánicas, 5ª ed., 1989 (a 1ª edição é de Sevilha, 1492).

por nuevo y galán estilo en la canción o invención o copla que quieran hazer."[52]

É curioso notar o emprego, pelo poeta espanhol Diego de San Pedro, da expressão *"nuevas invenciones"*, com o mesmo sentido que, como se viu, o cronista Garcia de Resende usaria em Portugal meio século depois, a expressão "novas novidades", em nome de cuja atração não deixaria de incluir em seu *Cancioneiro geral* de 1516 as *"copias viciosas de amores, pecadoras, llenas de mocedades"* do poeta Juan Alvarez Gato, exatamente por julgá-las tão representativas das novas "cousas de folgar e gentilezas".

Era essa moderna disposição dos poetas-músicos de cantar as mulheres — tanto os palacianos, quanto os que começavam a surgir nos meios burgueses e até mesmo entre as camadas do povo — que estava destinada a configurar o que, no século seguinte, D. Francisco de Portugal ia chamar de "arte de galantaria". Arte de intenção amorosa cujos versos curtos, no caso do "cantar romance", exerciam tal atração sobre as mulheres que, dizia o poeta, *"parece que se hizieron solamente para ellas"*.[53]

Esse casamento de letra e música, no sentido de obter pelos efeitos expressivos do acompanhamento um clima sonoro coerente com as intenções sentimentais ou eróticas — como depois se diria — das mensagens dos versos, começou, aliás, a constituir também preocupação dos autores mais eruditos. E, de fato, no *Cancioneiro musical da Casa de Medinacelli* (compilação de música polifônica espanhola cujos vilancicos, romances, canções e madrigais datam na maioria daquela metade de Quinhentos), já observava em seus versos o poeta Gutierre de Cetina: "*No es sa-*

---

[52] Diego de San Pedro, *Cárcel de amor*, cit., p. 127.

[53] D. Francisco de Portugal (1585-1632), *Arte de galantaria*, "oferecida a las Damas de Palacio", publicado postumamente em 1654, com reedições em 1670 e 1682, e em 1943 e 1984 por Domingos Barreira, no Porto.

brosa la música ni es buena/ aunque se cante bien, señora mía,/ si de la letra el punto se desvía...".[54]

Tal busca de adequação da música do canto com o espírito da letra surge realmente na segunda metade do século XV, quando o ato de trovar — entendido na área erudita como a criação de versos para serem cantados a vozes — deixa de ser privilégio dos círculos palacianos, para espalhar-se pelos núcleos dos músicos de capelas (desde logo tentados à conciliação entre o sagrado e o profano através dos vilancetes que glosavam motes populares) e pelos tocadores de violas e guitarras burgueses, até chegar aos simples escudeiros e namorados do povo em geral, tal como pelos fins de Quatrocentos mostrava o poeta espanhol Pedro de Escobar em suas "Preguntas y respuestas del Almirante":

> *Del trovar no digo nada,*
> *porque es gracia natural,*
> *y los que usan de ella mal,*
> *la tienen ya difamada...*
> *Trovan chufas los pastores*
> *quando veen volar las grullas,*
> *y para echarse las pullas*
> *las trovan los cavadores.*
> *Fazen los ensalmadores*
> *ensalmos metrificados:*
> *los locos enamorados*
> *trovan canciones de amores...*
> *Las mozuelas e infantes*
> *de rústicos e groseros,*
> *para tañer en panderos*
> *hacen metros e discantes.*[55]

---

[54] *Apud* Mirta Aguirre, *La lírica castellana hasta los Siglos de Oro*, tomo I, Havana, Editorial Letras Cubanas, 1985, p. 432.

[55] Citado por Mirta Aguirre, *op. cit.*, p. 389.

A diferença da abordagem musical por parte desses novos entoadores de versos compostos para serem cantados e acompanhados ia revelar-se conforme aos componentes culturais de cada grupo social de onde saíam. Realmente, embora reconhecendo que as 460 composições reunidas em 1870 na Biblioteca de Madri sob o nome de *Cancionero musical de los siglos XV y XVI* haviam sido harmonizadas para "uso aristocratico e cortesano", o autor da transcrição, Francisco Asenjo Barbieri, observava que a amostragem permitia detectar a diversidade social dos motivos, malgrado a uniformidade do tratamento erudito:

> "*Mirando en conjunto, presenta* [o *Cancionero*] *todos los elementos necesarios para fundar en ellos el estudio de las costumbres cortesanas y populares de los siglos XV y XVI relativos a la poesía lírica y a la música; y digo cortesanas y populares, aunque en rigor no cabe tal distinción sino en cuanto a la forma musical, pues por lo general, todas clases sociales se confundían en un mismo sentimiento, cantando, ya la canción seria cortesana, o ya el romance o el villancico o el cantarcillo populares, si bien de estos últimos el pueblo cantaba la melodía escueta, o simplemente acompañaba con la guitarra, y la aristocracia armonizaba la melodía a tres o más voces o la acompañaba con el harpa u otro instrumento cortesano.*"[56]

A observação de que, enquanto o músico da nobreza palaciana "harmonizava a melodia a três ou mais vozes", a gente do povo limitava-se a entoar apenas a melodia, quando muito acompanhando-a à guitarra, é oportuna por revelar, por trás das dife-

---

[56] Francisco Asenjo Barbieri, *in Cancionero musical español de los siglos XV y XVI*, citado por Mirta Aguirre no tomo I de seu *La lírica castellana hasta los Siglos de Oro*, cit., p. 422.

renças entre as formas musicais, iguais diferenças de classe, que iam explicar a divisão de caminhos destinada a redundar numa oposição de resultados musicais. É que os músicos leigos, de formação escolar, por sua ligação com mestres da Igreja — o que desde logo transparecia no parentesco de suas canções com o canto litúrgico dos tropos e *versus* que levariam ao *conductus*[57] — ao contarem com a colaboração de cantores e instrumentalistas cultos, iam evoluir do silabismo monódico para a polifonia da Ars Nova do século XIV.[58] Já os recitadores de romances do povo, bem ao contrário, graças ao jogo das entonações no canto e ao floreio das guitarras no acompanhamento da interpretação solo, iam apegar-se ao uso apenas do maior ou menor, entregando-se a uma intuição tonal que os levaria com o tempo à descoberta da harmonia por acordes.

---

[57] *Tropus* era o nome dado às fórmulas melismáticas que ornamentavam o canto litúrgico. Destes *tropus* sairiam, na música profana, o *versus* — nome dado pelos primeiros trovadores a suas canções ("duas peças de Guilherme IX começam por 'Ferai un vers...'", como lembra Henri-Irenée Marrou em seu *Les troubadours*) — e, na da própria Igreja, o *conductus*, que era um canto popular encaixado pelo compositor no lugar do canto-firme gregoriano. Em seu livro *Historia de la canción* (Madri, Taurus, 1990), Gilbert Reaney pondera, inclusive, que os condutos, constituindo em essência monodias, "podiam muito bem ser chamados de solos com acompanhamento" (*op. cit.*, p. 17).

[58] Segundo observação de Mário de Andrade em sua *Pequena história da música* (São Paulo, Livraria Martins, 1942, p. 42), "O grande passo dos arsnovistas foi implantar a profanidade na música profissional e iniciar a expressão adequada a ela, pela maior inquietude dos andamentos, pela implantação da binaridade e do Dó Maior populares, pelo alargamento dos intervalos melódicos e pelo cromatismo que vai se reorganizando então com Música Ficta (música fingida, falsa)". Mário de Andrade acrescentava que isso conduzia à melodia solista, através da valorização da linha "mais aguda, que se distingue mais" (*op. cit.*, p. 53).

8.
DA RECITAÇÃO AO CANTO SOLISTA

O que todas as informações sobre a evolução musical do Ocidente levam a concluir — reforçado pelo sucesso do "cantar romance" pela gente das cidades, como revelado no século XVI pela popularidade do "Conde Claros" em Portugal e na Espanha — é que o moderno estilo de canto melódico solista harmonicamente acompanhado, característico da canção urbana, hoje tida como música de massa, deriva em linha reta da mais antiga forma de monodia vocal-instrumental: a recitação cantada de poemas épicos.

De fato, essa forma ancestral de canto solista acompanhado pelo próprio intérprete em instrumento de cordas ou de percussão — desde logo distinguindo-se, assim, dos cantares de danças do mundo rural entoados em coro, às vezes em resposta a um refrão — foi representada desde a Antiguidade pela crônica de acontecimentos lendários, heroicos, religiosos ou ligados à vida das comunidades, contada-cantada em séries de versos.

Aliás, tal como a história da atividade literária do próprio Ocidente deixa perceber, essa mesma forma de comunicação oral, baseada na facilidade de memorização dos versos entoados no estilo das melopeias e cantilenas, ia constituir também a raiz das literaturas nacionais do mundo moderno. E, realmente, só pela antiga tradição de tais crônicas se poderia explicar a coincidência de a literatura grega ter surgido entre os séculos X e IX a.C., com as longas histórias em versos hexâmetros da *Ilíada* e *Odisseia* de Homero, e de os romanos terem iniciado a sua seguindo o mesmo modelo na *Eneida* de Virgílio, quase ao despontar do Cristianismo. E, isso, quando Roma conhecia também, na figura do poeta de salão chamado de *grassator*,[59] o continuador dos aedos, bardos e rapsodos antigos da família dos poetas-cronistas--cantores que foram os *scops* entre os anglo-saxões, *sagnamenn* ou *sogmathr* entre os irlandeses e *gwerzius* entre os bretões, responsáveis no futuro pelo aparecimento dos primeiros monumentos literários nacionais. O que seria confirmado pelo fato de, afinal, a literatura nas línguas modernas ter surgido em todos os países sob a forma de poemas épicos, como o anglo-saxão do *Beowulf* no século VIII, os setenta versos da *Canção de Hildebrand* alemã no século IX, e talvez do *Waltarilied*, que, embora só conhecido na versão latina do século X, ficaria como "a *Ilíada* dos visigodos".[60] Tudo dentro de uma mesma linha de poemas inaugurais que, alcançando seu ponto mais alto no século XI na *Chanson de Roland* dos franceses, encontraria no século XII a sua contrapartida no *Poema del Mio Cid* (destinado a relembrar aos espanhóis a mesma herança germano-visigótica perdida do *Waltarilied*), para prosseguir na *Canção dos Nibelungos* (surgida talvez na Áustria, entre 1190 e 1200), nas "Sagas" compiladas pelos islandeses desde o século XII e, depois, nas memórias heroico--mitológicas que, ainda no século XII, ressurgiriam nos *Edda* como lembranças desse mesmo povo na Noruega e Groenlândia desde o século IX.

---

[59] Segundo o cronista enciclopédico latino Aulo Gélio (*c*. 130-180) em seu *Noctes Atticae*, Catão (234-149 a.C.) já se referia à existência em Roma da figura do *grassator*, que apontava como poeta frequentador de banquetes, especialista na narrativa cantada de feitos heroicos.

[60] A expressão é divulgada por Carolina Michaëlis em *Lições de filologia portuguesa segundo preleções feitas aos cursos de 1911/12 e 1912/13* (na Universidade de Coimbra), São Paulo, Martins Fontes, s/d, onde, à p. 230 comenta sobre os "dois séculos de esplendor" do reino visigótico na Península Ibérica: "Quanto ao espírito e ao influxo literário dos germanos, ele culminou talvez no poema épico de *Walthariuns Manufortis* (*Waltarilied*) que um afeiçoado trata de '*Ilíada* dos Visigodos'. Infelizmente, só subsiste em redação latina: nos hexâmetros de um alemão de Sankt Gallen, Exxehard I (*c*. 930). A redação original gótica está perdida (se existiu)".

É de admitir que, ao alcançarem essa fase histórica do seu registro escrito — seja pela simples decisão da recolha dos cantares tradicionais, seja pela contribuição pessoal de algum poeta de gênio, como parece ter sido na Grécia o caso de Homero — tais narrativas já viessem cumprindo uma longa trajetória na voz de cantadores responsáveis pela continuidade dessa tradição vinda de um tempo em que ainda se confundiam, na memória mítico-poética dos povos, os deuses e os heróis.

Aliás, ainda quando se pudesse argumentar que a ordenação de tais narrativas em versos se devesse à criação de poetas cultos (pois que na Hélade eram eles figuras sempre presentes nas festas dos santuários), sua divulgação para o público em geral só podia ser obra de gente mais humilde, ligada ao dia a dia de suas comunidades.

Entre essas figuras de cantadores populares de poemas épico-míticos estariam desde cedo a dos cegos pedintes. Limitados pela condição mesma de sua capacidade para atividades práticas, os cegos mais bem dotados de vivacidade e inteligência optariam pelo aprendizado de algum instrumento musical — no mundo antigo a lira, a harpa e a cítara e, na era cristã, a par de pandeiretas e tamboris, o que de mais simples em cordas estivesse a seu alcance, como saltérios e, depois as *vihuelas* derivadas dos alaúdes, e sua família mais modesta das guitarras — e com eles saíram a ganhar a vida, cantando em locais públicos.

Sem contar a circunstância significativa de estudiosos apontarem a segunda parte dos *Hinos a Apolo*, de Homero, como aproveitamento de versos com que um cego de Quios cantara a conturbada instauração do culto àquele deus em Delfos, ainda antes de Cristo o poeta romano Horácio (65-8 a.C.) referia-se em escólio ou explicação à Epístola XVII do primeiro de seus *Epistolarum libri* às "cantilena mendicorum" como um repertório tradicional das cantigas de pedintes e mendigos. E, um pouco mais tarde, já agora no Egito — onde a influência grega continuava a predominar — o gramático Anteu (Náucratis, séculos II-III), autor do *Banquete dos sofistas*, julgava oportuno reproduzir duas cantigas gregas de mendigos, compiladas ao longo de suas leituras de curioso por quase 1.500 obras hoje perdidas.

Seriam essas humildes vozes do povo, pois, que se encarregariam de não apenas estender no tempo a tradição secular das histórias em canto-falado, mas de levar ainda a notícia dessa arte urbana aos mais longínquos rincões, como apontava em citação oportuna o polígrafo Teófilo Braga, embora — como era comum em seus livros — sem indicar a fonte da informação:

> "No mesmo século IX, o biógrafo do milagroso bispo Liudger, contando como curara um pobre cego, diz que era este cego muito estimado pelos seus vizinhos porque andava de terra em terra cantando das façanhas dos antigos reis e de seus combates."[61]

Em verdade, até o fim do Império Romano é possível que tais representantes da monodia popular — supondo-se que cantassem em latim, transformado por interesse comum dos povos em língua-geral[62] — ainda conservassem as regras do recitativo greco-romano, em que os versos eram medidos por quantidades de sílabas, e sua música se acomodasse a escalas de alturas de sons chamadas de modos, aos quais se atribuía determinado caráter ou *ethos*, capaz de expressar efeito particular em cada caso: épico, trágico, cômico, erótico etc.

A partir do terceiro século, porém, quando a crise política de Roma afrouxa os laços das províncias com o poder central —

---

[61] Teófilo Braga, *História da poesia popular portuguesa: as origens*. Lisboa, Manuel Gomes Editor, 1902, p. 31.

[62] Carolina Michaëlis, em sua citada *Lições de filologia portuguesa*, ao referir-se na Parte II — "Cronologia dos falares romanços" — à falta de uma língua unitária entre os bárbaros e demais tribos invasoras eslavas e asiáticas (hunos e mongóis), observa: "Dentro da România todos eles abandonariam pouco a pouco os seus idiomas, todos adotaram o latim, tal qual o ouviam falar" (*op. cit.*, p. 228).

o que repercute fundamente no sistema de ensino do latim escrito, sujeito às regras fixas da gramática — o quadro cultural se modifica, e as tendências locais aumentam sua influência sobre o *sermo vulgaris*, o latim falado popular do qual, a partir do século V vão se desprender as línguas românicas: os falares *romanice* logo tornados nacionais sob os nomes de romanço ou romance.

Herdeiros da civilização grega, os romanos haviam-se realmente entregue a uma convivência de mais de seiscentos anos (de sua chegada à Espanha ao fim da Segunda Guerra Púnica, em 205 a.C., até o fim do Império do Ocidente, em 476 da era cristã) com dezenas de diferentes povos englobados sob a denominação de bárbaros, mas em sua maioria pertencentes a duas famílias originais: os germanos e os celtas.

Oriundos todos, conquistador e conquistados, do tronco comum indo-europeu (que incluía os gregos influenciadores da própria cultura latina), seriam, porém, na Europa mediterrânea e atlântica os povos germanos os que mais se relacionariam com os romanos, através de sua dupla origem familiar: a gótica dos visigodos, ostrogodos, alanos, gépidos e hérulos, e a teutônica de francos, burgúndios, alamanos, anglos, saxões, frísios, lombardos, jutos, cuados, vândalos, suevos e marcomanos.

Essa longa convivência, destinada a produzir adesões de tais bárbaros e antigas populações locais ao mesmo sistema político (o Império Romano) e a uma mesma religião (o Cristianismo oficializado pelo Édito de Milão em 313), ia provocar no plano cultural do mundo assim romanizado uma ruptura básica entre popular e erudito, desde o norte da África, ante o Mediterrâneo, até à isolada Britânia, ao norte do Atlântico.

No campo da linguagem vulgar, da qual a cantoria de poemas épicos de cegos e mendicantes em geral constituía a expressão por assim dizer "artística", essa divisão ia efetuar-se não apenas no progressivo abandono dos versos de temas clássicos, glorificadores das elites (logo retomados pelos poetas "nacionais" em suas compilações ou recriações escritas em línguas locais), mas inclusive na alteração do ritmo da fala, o que acabaria por mudar o estilo de acompanhamento musical de tais versos. Assim foi que, embora a própria poesia culta — no caso representada pelos versos dos hinos religiosos criados para contrabalançar a influência dos cantos profanos nas igrejas — já começasse desde 400 a admitir a acentuação,[63] seria na forma recitativa dos cantares épico-cavaleirescos que a nova medida estava destinada a originar as maiores consequências musicais.

Em verdade, como tanto o grego quanto o latim eram línguas sintéticas, capazes de expressar o significado através de sínteses gramaticais, isso estabelecia para a escrita uma ordem sintática lógica e de grande economia, dispensando os transbordamentos da profusão de elipses e de perífrases. Era essa boa ordem formal das línguas clássicas que permitia estabelecer o equilíbrio dos versos segundo o ritmo interior, no sentido grego,[64] obtido por meio do estabelecimento de quantidades medidas da emissão de sons das sílabas, segundo um padrão de valores silábicos longos e breves. O resultado sonoro de tal modelo era a flutuação

---

[63] Descobertas de documentos de música cristã escrita do século IV revelam que, ao lado do fragmento de papiro encontrado nas ruínas egípcias de Oxyrynkos, em que o final da composição mostra versos em anapesto (pé de verso greco-latino formado por duas sílabas longas e uma breve) e melodia por solista em estilo tipicamente grego, a Igreja dos heresiarcas cultivava pela mesma época melodias profanas adaptadas através de fórmulas sonoras dos chamados *hirmos* (*risbolo*, entre os sírios), cujos versos baseavam-se não mais na métrica das quantidades silábicas, mas nos acentos e números de sílabas. Sobre a evolução desse processo na *Rimata* da Igreja de Roma ver: "A poesia medieval em latim rítmico", de Mário Martins, revista *Brotéria*, vol. LI, fasc. 1, julho de 1950.

[64] Ritmo, para os gregos — como demonstra Werner Jaeger em seu alentado *Paideia: a formação do homem grego* (1ª edição alemã, 1936; tradução portuguesa pela Editorial Aster, de Lisboa, com reedição no Brasil pela Editora Herder, de São Paulo, s/d) —, projetava a ideia não de uma linha sonora contínua, mas o equilíbrio de algo em movimento (como na representação gráfica do átomo, com seus nêutrons e prótons gravitando à volta do núcleo).

da voz num fluxo sonoro calmo, desvinculado da possível cadência alternada de acentos fortes e fracos. E era a fluidez daí decorrente que como que diluía o contraste dos acentos, permitindo assim uma fala recitada, a meio caminho da música, e que devia resultar por certo numa monotonia apontada ainda no século XIX por Herbert Spencer em seus *Primeiros princípios*, ao comentar sobre a música grega:

> "O cantor, também poeta, cantava as suas composições ajustando as notas da música à medida dos versos; o resultado era uma melodia cansativa e monótona que, como diz Burney, nenhum recurso artístico era capaz de melhorar, pois, faltando-lhe o ritmo variado de hoje, de medida regular e notas diferentes, tudo o que pudesse derivar da dependência exclusiva à quantidade das sílabas só podia resultar mesmo em monotonia."[65]

O mesmo deve ter realmente acontecido também com os cantares narrativos sob os romanos até a altura de quatrocentos anos da era cristã. Quando, porém, a longa continuidade de contato com as línguas de forte acentuação tônica dos povos germanos começou a revelar marcas cada vez mais visíveis no latim corrente, a relação entre o recitativo e a cadência da fala teria certamente que apresentar mudanças em seu desenho rítmico-melódico e, por consequência, no próprio acompanhamento do canto. E é isso que vai acontecer de forma definitiva com as línguas que aparecerão a partir do latim por toda a Europa, do quinto

---

[65] Herbert Spencer, *Los primeros principios*, Valencia, F. Sempere y Compañia Editores, s/d, tomo II, p. 81. Nessa obra em que lançava em 1862 o seu futuro "Sistema de Filosofia Sintética", o pensador inglês (1820-1903) incluía a música na teoria evolucionista que previa a passagem de todas as coisas do homogêneo para o heterogêneo, mas confessava-se confuso quanto à forma como se deu o "salto brusco" da melodia para a harmonia.

século em diante: como resultado daquela herança recebida pela língua matriz em cinco séculos de relações com antigos falares locais, e demais trazidos pelos bárbaros, o ritmo da fala não mais obedecerá a módulos silábicos medidos pelo tempo de entoação das sílabas, mas ao caráter acentual das palavras, seguindo os saltos de emissão sonora da voz denominados de tônicas. O resultado musical dessa nova prosódia das línguas europeias era que, ao cantarem-se versos medidos segundo a regularidade na sucessão de acentos fortes e fracos, a divisão do tempo entre duas tônicas consecutivas passou a contar-se mentalmente como compassos. E, assim, qualquer irregularidade na sucessão de tais espaços abertos entre as tônicas transformadas em tempos fortes, levava a um rápido deslocamento dos acentos, que logo viria a constituir, sob o nome de síncopas, a maior característica do acompanhamento da moderna música das cidades, contemporânea do aparecimento do sistema tonal.

9.
CANTO ÉPICO, ROMANCE AMOROSO

Se a moderna canção popular criada para atender ao gosto da gente urbana é realmente contemporânea da extensão dos temas de amor às camadas baixas das cidades (no "Conde Claros" o comovente, para o povo, é que o nobre "*con amores/ no podía reposar...*"), seria preciso mostrar como se deu a trajetória desde as narrativas mítico-poéticas da Antiguidade e cavaleiresca da Idade Média, até sua forma final de romances amorosos, passíveis de serem entoados à guitarra por simples ratinhos, como o do auto anônimo do século XVI.

Adotados pelos gregos como suma ético-pedagógica, dentro de um conceito de formação dos cidadãos chamada de *paideia* (os versos de Homero, que casavam o épico com o mítico, eram cantados nas escolas com propósito educativo), os cantos heroicos das aristeias constituíram, na verdade, uma fórmula universal no mundo antigo. De fato, além de ainda antes de Cristo o mestre de gramática Verrius Flaccus ter registrado em seu *De verborum significatum* a palavra *bardus*, em definição que, em fins do século III, Sextus Pompeius Festus reescreveria como "*gallice cantor appellatio, qui virorum fortium canit*" (nome que os gauleses dão ao cantor que entoa louvores à valentia dos homens), a matéria poética de tais cantores-músicos bárbaros já era citada por Tácito (*c.* 35-180) em seu *De origene et situ germanorum*, ao referir-se a seus "*carminibus antiguis*".

Assim, quando sobre as ruínas do mundo antigo, finalmente afastado do cenário da História com a queda do Império Romano, se instaurou na Europa a partir do século V a longa era das economias fechadas da Idade Média, não será de estranhar que já agora a nostalgia das glórias passadas inspirasse aos povos surgidos da nova realidade a renovação dos seus cantares. E foi o que aconteceu, mas com uma diferença fundamental: quem cantava os feitos particulares de sua gente não eram mais aedos e bardos, intérpretes do sagrado, mas humildes menestréis como o *gleeman* dos ingleses e o *thulir* dos escandinavos. E, naturalmente, por toda a Europa ocidental, os especialistas no *jocosius dicere* já referido por Horácio (65-8 a.C.), e cujo nome viria no século VII a partir do termo *jocularis*, derivado do adjetivo *joculator*, indicar — até por essa sua derivação — a condição popular e não muito respeitável de jogral.

A prova de que tais cantadores de narrativas heroicas e mitos étnicos foram sempre muitos e ativos no cultivo de sua arte está em que, ainda no século VIII, o imperador Carlos Magno, determinado a demonstrar ao mundo saudoso das antigas grandezas imperiais a contribuição de seus irmãos góticos e teutônicos, mandou recolher todos os cantares e lendas germânicos ainda em voga.[66] E o resultado não deve ter sido desprezível porque seus sucessores, agindo certamente em nome da fidelidade político-espiritual às diretrizes do bispo de Roma, providenciaram a sua total destruição.

A circunstância histórica dessa decisão de política ideológico-religiosa — os cantos e lendas dos povos bárbaros foram destruídos sob a alegação de constituírem manifestações pagãs — veio apenas reforçar uma realidade que condenava as criações artísticas populares ao anonimato e ao esquecimento: como a conservação dos saberes sob forma escrita constituía um privilégio

---

[66] A informação é não apenas de contemporâneo, mas de amigo pessoal do imperador Carlos Magno, o cronista franco Eginhard ou Einhard (*c.* 770-840), que se tornaria seu panegirista na biografia escrita em latim por volta de 830, no estilo do romano Suetônio. Nessa sua *Vita Caroli Magni*, afirmava Eginhard que o imperador *"barbara et antiguissima carmina... scripsi memoriae que mandavit"* — ou seja, em bom entendimento, que Carlos Magno mandou registrar por escrito os cantos mais antigos e tudo o mais que ainda conservava a memória histórica dos bárbaros.

dos padres, e a própria nobreza só se interessava pela crônica dos seus feitos, aprofundava-se, com o silêncio sobre as artes do povo, o fosso cavado ainda na Antiguidade entre popular e erudito.

Era essa atitude, reforçada pela posição da Igreja — que pela mesma época recomendava a retomada da obediência ao *ordo* estabelecido dois séculos antes pelo papa Gregório I, em nome da unidade dos cantos litúrgicos expurgados do popular — que ia explicar o vazio de informações históricas sobre a continuidade da cantoria narrativa entre as camadas baixas das cidades, que desde o século IX se multiplicavam.

A admissão da existência desse silêncio em torno da continuidade da tradição dos cantos narrativos nos meios populares é geral, aliás, entre os estudiosos da vida urbana medieval, como demonstra desde logo o especialista alemão J. Bühler ao observar, em *Vida e cultura na Idade Média*, após referir-se à literatura histórica no "círculo dos monges, clérigos e uma ou outra alta personalidade secular":

> "Ao contrário, é muito pouco o que sabemos sobre o modo de pensar e de sentir das massas populares daqueles tempos. E, no entanto, a tradição chegada até nós, embora fragmentada em retalhos conservados por acaso, revela claramente que, a partir da época da migração dos povos, a imaginação popular não deixou um único momento de focalizar os grandes acontecimentos e personagens históricos, cantando-os e infundindo-lhes vida em suas lendas e canções."[67]

E, coerente com tal conclusão, acrescentava páginas adiante, ao referir-se à também silenciosa evolução da estética fundamental do estilo gótico, que eclodiria apenas no século XI:

---

[67] Johannes Bühler, *Vida y cultura en la Edad Media*, Cidade do México/Buenos Aires, Fondo de Cultura Económica, 1957, 2ª edição em língua espanhola, p. 215 (1ª edição, Alemanha, 1931).

"Da mesma forma se conhecia há muito tempo os temas tratados na épica da alta Idade Média. E não porque os eruditos os houvessem desenterrado de velhos códices, mas porque já vinham sendo transmitidos nos meios do povo desde tempos antigos, por tradição oral; embora, por alheios aos modelos artísticos, sem chegar jamais à forma escrita para conservação nas bibliotecas, uma vez que o mundo cultural dos primeiros tempos do românico não tinha qualquer ligação com as camadas incultas, e a nobreza da espada ainda não se preocupava com poesia."[68]

Configurava-se assim, pois, o abismo cultural entre os extremos da sociedade que, para o caso particular da Península Ibérica, Teófilo Braga ia pôr em destaque na sua *História da poesia popular portuguesa* ao escrever:

"É este fato que importa ter bem presente no estudo da poesia popular: os cantos tradicionais líricos e épicos, que se elaboraram na sociedade moçárabe dos séculos VIII a XII, não foram fixados na forma escrita. Assim como acontece também com as línguas que se extinguem na indisciplina dialetal não sendo fixadas pela *escrita*, também os cantos populares se dissolvem nas variantes *orais*."[69]

Pois foi exatamente esse lento mas continuado processo de transformação da forma original dos cantos narrativos do tipo épico — o qual, a partir do século XI, os poetas cultos das primeiras cortes europeias da era cavaleiresca iam transformar nas

---

[68] Johannes Bühler, *op. cit.*, p. 223.

[69] Teófilo Braga, *História da poesia popular portuguesa: as origens*, Lisboa, Manuel Gomes Editor, 1902, p. 120.

gestas da sua classe — o que levou, na área do povo, através do cantar romance de cegos pedintes e jograis de feiras e praças, ao caminho da canção das cidades.

De fato, a apropriação da cantoria popular de versos narrativos étnicos pelos poetas cultos, através da criação, desde o século XI, das chamadas canções de gesta reveladoras de um prenúncio de sentimento nacional — tão bem representado na expressão *"dulce France"* da *Chanson de Roland* — ia reduzir por algum tempo o abismo das relações entre o povo das cidades e a nobreza dos castelos pela adesão geral a tal sentimento comum. Tal convergência ia revelar-se desde logo precária, porque, já na própria glorificação da nobreza que tal disposição implicava, certos poetas antecipavam o germe da nova ruptura que se daria no século XVI, como acontecia num verso de Ekkehard D'Auro, do século XII, por isso mesmo posto em destaque por Marc Bloch em *A sociedade feudal*:

> "Tudo isto não fora criado pelo patriotismo. Mas no decurso desta segunda idade feudal, caracterizada, ao mesmo tempo, pela necessidade que os homens experimentavam de se agruparem em coletividades mais largas, e pela consciência mais clara que, de qualquer modo, a sociedade recebia de si mesma, estas realidades latentes foram como que a manifestação enfim explícita e, assim, por sua vez criadora de novas realidades. Já num poema um pouco posterior ao *Roland* se diz 'nenhum francês vale mais do que ele', para elogiar um cavaleiro especialmente digno de estima."[70]

Assim, nada mais natural que, pelo despontar do século XV na Península Ibérica, enquanto os espanhóis herdeiros da épica

---

[70] Marc Bloch, *A sociedade feudal*, Lisboa, Edições 70, s/d [1982], pp. 353-4.

franca ainda cultivavam — orgulhosos dos feitos do Cid — as façanhas poéticas da "matéria de França", seus vizinhos portugueses (que no século anterior haviam praticamente aclamado um rei em praça pública) optassem apenas pelo que de lírico aparecia nas narrativas cavaleirescas. E ia ser exatamente desses versos épico-líricos saídos das antigas gestas (por isso chamados no século XVI de "romances velhos"), que iam surgir sob a designação agora simples e curta de romances, as breves narrativas sentimentais logo aproveitadas para glosas. Ou seja, novas composições que o sentimentalismo transformava em peças líricas para o cantar à guitarra, pela gente do povo, como canção de amor.

10.
DEMOCRATIZAÇÃO DO "CANTAR ROMANCE"

As histórias em versos dos romances — nome que só aparece com esse sentido registrado, por escrito, no *Libro de Apolonio*, do século XIII, e depois no poema alegórico *Labiryntho de fortuna, o Los trescientos*, de Juan de Mena, c. 1444, e no proêmio do Marquês de Santillana à sua "Carta al Condestable de Portugal", de 1449[71] — representaram um novo momento de democratização da poesia narrativa (mesmo poetas cultos imitavam os populares "antigos"), o que o aparecimento da imprensa veio tornar definitivo com sua divulgação em folhetos (na Espanha em *pliegos sueltos* desde fins do século XV) e, logo, em coletâneas chamadas de cancioneiros a partir de 1545.[72]

---

[71] É bem verdade que, em fins do século XIV, o arcebispo de Hita, Juan Ruiz, no seu mais tarde denominado *Libro de buen amor* (mas na realidade "novela de desfachatez autobiográfica", como define Mirta Aguirre em *La lírica castellana hasta los Siglos de Oro*), dirige-se a seu público dizendo: "*Sy queredes, señores, oyr un buen solaz,/ escuchad el romance, sosegadvos em paz*". No entanto, devia estar se referindo ao estilo de história contada-cantada em geral. Seu relato configura, na verdade, uma novela de estilo medieval, em que confissões pessoais se misturam a comentários históricos e religiosos, usando os mais variados tipos de versos: "Construído tendo a *cuaderna via* como base, o *Libro* inclui nada menos de duas dezenas de construções em metros curtos: pareados, zéjeis com vilancicos, seguidilhas, copas de pé quebrado, capfindas e encadeados trovadorescos etc." (Mirta Aguirre, *La lírica castellana hasta los Siglos de Oro*, Havana, Editorial Letras Cubanas, 1985, vol. I, p. 215).

[72] No século XVI, as primeiras coletâneas de romances impressos foram, por ordem cronológica: 1547 (?), 1550 e 1555: *Cancionero de roman-*

Antes do advento da imprensa os romances mais populares deviam circular, é claro, em cópias manuscritas (a palavra caderno é do século XIII), mas com certeza nunca antes de meados do século XIV, pois, embora a Espanha já usasse técnica chinesa para fabricar papel desde 1150, a novidade destinada a substituir o pergaminho ou velino e a *pecia* (pele de carneiro) só se tornaria acessível a camadas mais amplas do mercado a partir do aparecimento da tipografia.

De qualquer forma, não há dúvida de que o registro de velhos romances colhidos na tradição oral existiu pelo menos a partir de fins de 1400 pois, em 1550, no prólogo da *Silva de vários romances*, impressa em Saragoça, seu organizador, Estevan de Nájera, escrevia:

"Não nego que em muitos dos romances impressos haja erros eventuais; mas isso deve-se às cópias de onde os tirei, quase sempre com alterações, e, ainda, às vacilações de memória de pessoas que os ditaram para nós, sem conseguir lembrá-los por inteiro."

O aparecimento da imprensa constituiu, de fato, um inesperado incentivo aos poetas, agora dispostos, em nome da popularidade da letra de forma, a adotar fórmula até ali tão desprezada que, ao organizar o seu *Cancioneiro geral*, o poeta-cronista cortesão Garcia de Resende houve por bem não incluir entre tantos exemplos de vilancetes e cantigas um único romance (embora na coletânea, começada a imprimir em Almeirim e concluída

---

ces en que están recopilados la mayor parte de los romances castellanos, que hasta agora se han compuesto, em Anvers [Antuérpia], em casa de Martín Nucio; 1550: *Silva de romances*, de Esteban de Nájera, Zaragoza, Espanha; 1551: *Cancioneiro de Anvers*, edição portuguesa de Lisboa, por Manuel de Lyra; 1593: *Ramilhete de flores*, publicado por Pedro Flores (coletor do *Romancero general*), Lisboa, Casa Antônio Alvares.

em Lisboa em 1516, publicasse ele mesmo trovas suas, que não escondiam ser glosa de romance nos versos "pelos campos de Mondego/ Cavaleyros vi somar").

Essa realidade da aceitação geral, como gênero típico de diversão urbana, da cantoria solo dos versos dos romances, ao som de algum instrumento acompanhante, constituiu ainda no século XV o ponto culminante da ação de uma linhagem de artistas de rua que, aos cegos pedintes e jograis misto de mimos e titereiros, vindos da Idade Média, iam somar-se as figuras de escudeiros pobres e, logo, as de "certa relé" de moços de espora de que falava Jorge Ferreira de Vasconcelos, mais as dos criados tão bem exemplificados no ratinho transformado em pajem do *Auto de D. André*.

A maior contribuição desses artistas anônimos do povo miúdo dos primeiros centros urbanos do mundo moderno para a evolução de um tipo de cantoria ligada à classe senhorial por sua tradição de saga de deuses e heróis, foi a sua transformação lenta, mas progressiva, em democrático cantar de episódios de amor e sentimentos comuns.

A trajetória, através do tempo, desse rio de histórias narrativas, desde o romance épico-aristocrático cavaleiresco até o popularesco, destinado a desembocar na moderna canção popular contemporânea do individualismo burguês do Renascimento, seria magnificamente resumida pelo estudioso da lírica castelhana Menéndez Pidal, ao escrever:

> "A epopeia castelhana, aristocrática pela origem, ultrapassou o círculo dos seus ouvintes, para atingir um público maior e mais heterogêneo; perdeu o fechado caráter militar próprio da poesia dos nobres, e saiu em busca dos mais variados matizes; à façanha heroica, preferiu a aventura novelesca; cantando o amor e outras paixões, tal como o amor, mais humanas, quase desconhecidas da Canção de Gesta, procurou o agrado de um público mais amplo, evoluindo assim de poe-

sia heroico-cavaleiresca, que fora, para poesia marcadamente novelesca, de interesse mais geral."[73]

Para o autor espanhol, o mais eficaz divulgador da obra poética resultante dessa evolução teria sido mesmo "o jogral errante", porque só ele "conseguia semear por toda a parte poema levado de casa em casa por onde andasse a *cantar muy dicho*, até que todos, cem léguas à volta, o aprendessem".

A curiosidade, quanto a esses pródromos da massificação da música urbana, é a possibilidade da comprovação, através de documento escrito de meados do século XIV, da existência, já àquela época, de uma produção partida de autores conhecidos, especialmente dirigida à divulgação na voz de equivalentes dos futuros "artistas" populares. Segundo revelava o irrequieto Arcipreste de Hita, Juan Ruiz, em seu autobiográfico *Libro de buen amor* [*"buen amor"* aqui com sentido de amor divino, em oposição ao *"loco amor"*, o amor carnal que ele tanto praticou], entre as habilidades que dominara como senhor de *"todas juglarías"*, estava a de compor letra e música para *"los que lo oyeren, puedan solaz tomar"* (para que os que o ouçam, possam alegrar-se). E isso, como demonstrava em versos desse seu *Libro de buen amor*, escrito por volta de 1343 na prisão,[74] ele chegou a fazer não apenas sob a forma de *"muchas cántigas de dança e troteras/ para judíos é moros é para entendederas"*, mas descendo ao ponto

---

[73] Ramón Menéndez Pidal, *El romancero español*, Nova York, The Hispanic Society of America, 1910.

[74] Sobre o livro de Juan Ruiz, informa Mirta Aguirre à p. 215 do vol. I de seu citado *La lírica castellana hasta los Siglos de Oro*: "Do *Buen amor* existem três códices: os chamados de Gayoso, de Toledo e de Salamanca. O último, copiado por Alfonso de Paradinas, homem letrado, é o mais completo, por basear-se na provável última versão da obra concluída por Juan Ruiz em 1343 — ano 1381 da Era Hispânica ou de César — quando ainda no cárcere. Foi utilizado por Ducamin para sua edição paleográfica, geralmente a mais acatada".

máximo para um poeta culto — mesmo de tendência contestatória e goliardesca como ele — de compor canções para cegos pedintes de rua:

> *Cantares fiz' algunos de los que disen ciegos,*
> *é para escolares que andam nocherniegos,*
> *é para otros muchos por puertas andariegos,*
> *cazurros é de burlas: no cabrian en dyez pliegos.*[75]

A referência ao fato de os versos populares do Arcipreste de Hita, por sua profusão, não caberem em dez *pliegos* — que em Castela era o equivalente das folhas volantes de Portugal — mais do que pela revelação da existência de um registro escrito da produção poético-musical destinada ao vulgo das cidades, vale pelo fato de constituir a mais antiga notícia de sua reprodução em cópias, com finalidade de divulgação massificada. Divulgação, aliás, que contava, como mostram os versos de Juan Ruiz, não apenas com os representantes mais antigos dos cantares urbanos, que eram os cegos pedintes e vendedores de folhas volantes, mas com novas figuras da jogralidade: os especialistas em cantorias e graças chulas — tão do agrado das camadas mais baixas — chamados pelos espanhóis de *cazurros*, e pelos portugueses de chocarreiros.

Em verdade, como esse exemplo de um poeta culto que confessava ter-se rebaixado a compor para cegos de rua era ainda uma exceção, o caminho da democratização dos romances — saídos dos cantos épicos como "contas desengranzadas de um colar", como pitorescamente definiria Menéndez Pidal — ficaria a cargo daquela gente das camadas mais baixas, como se pode comprovar pela própria irritação que causavam entre os detentores do saber e da arte cortesãs.

---

[75] Juan Ruiz, Arcipreste de Hita, *Libro de buen amor*, Madri, Espasa-Calpe, 1987, vol. 9 da Nova Série Austral, 19ª edição da obra.

A regra geral, como neste ponto comprovam todas as informações históricas, era o protesto das autoridades da Igreja e dos poetas palacianos (como os trovadores), uns verberando a alegre espontaneidade dos cantos e danças da área rural por herdeiros da tradição pagã, outros lamentando o rebaixamento da arte poético-musical urbana do cantar acompanhado de instrumento. O mais recuado exemplo dessa reveladora inconformação talvez seja a do trovador provençal Girault de Riquier (*c.* 1230-1292), citado por Eduardo López Chavarri em *Música popular espanhola*, e que em carta ao rei Afonso o Sábio lamentava o que já por aqueles fins do século XIII via pela cidade:

"O que se vê, infelizmente, é gente sem instrução que, por saber tocar um pouco um instrumento qualquer, sai a pedir esmolas pelas ruas; e outros que, a cantar sem tom nem som pelas praças, ignoram quem é quem no meio da turba grosseira, não relutando em entrar em tabernas, em vez de procurar pessoas de qualidade para exibir-se. Estes são os chamados jograis, nome aplicado também aos que se entregam a exercícios ginásticos e passes de prestidigitação, ou a fazer dançar macacos ou bonecos, quando se sabe que a *juglaría* foi criada por homens sensatos e conhecedores de sua arte, para alegrar e homenagear as pessoas."[76]

Pela mesma época — ou, mais precisamente, em 1366 — o poeta Petrarca, escrevendo em latim ao italiano (por acaso nascido em Paris) Giovanni Boccaccio (1313-1375), futuro autor dos contos frascários do *Decamerone*, reafirmaria a impressão do trovador Girault de Riquier sobre os jograis, mas não sem apon-

---

[76] *Apud* Eduardo López Chavarri, *Música popular española*, Barcelona/Madri, Editorial Labor, 1940, 2ª ed., p. 35. O autor não indica a fonte de onde tirou a "célebre carta al Rey Sabio".

tar neles certas qualidades capazes de explicar o seu sucesso entre o povo: "*Sunt homines non magni ingenii, magnae vero memoriae, imaginaeque diligentiae, sed majoris audaciae*". Ou seja: "São homens sem muita capacidade criadora, mas de grande memória, e de uma dedicação [à sua arte] só suplantada por seu atrevimento".[77]

Essa posição dos representantes da arte erudita revelava ainda — quando bem compreendida a organização da cultura na Europa do século XIV — uma certa irritação não exatamente contra o fato de as camadas baixas produzirem músicas e talentos artísticos, mas de cegos pedintes e jograis vagabundos conseguirem sucesso junto ao público, estando fora dos quadros institucionais. De fato, a partir exatamente do século XIV, com o crescimento do número dos vagabundos nas cidades, os senhores locais resolveram intervir em nome da boa ordem contratando músicos desses grupos para cargos de vigilantes ou guardas-noturnos, e para fornecer diversão nas solenidades públicas. Essa decisão, apesar de irrelevante dentro da história medieval, ia revelar-se de marcada repercussão futura na vida cultural das baixas camadas urbanas, como em sua *História social da música* daria a perceber o historiador-musicólogo inglês Henry Raynor:

> "No século XIV, por toda a Europa, os menestréis citadinos se tornaram, na Inglaterra 'vigias' e, na Alemanha, *Türner* (homens da torre). Ambas as palavras referem-se às suas funções como vigilantes que podiam, por meio de seus instrumentos, dar aviso de qualquer perigo iminente ou surgido na cidade. Em

---

[77] *Apud* Théodore Gérold, *La musique au Moyen Âge*, Paris, Libraire Ancienne Honoré Champion Éditeur, 1932, p. 364, também sem indicação da fonte, apesar de parecer basear-se no livro de M. Edmond Faral, *Les jongleurs en France au Moyen Âge*, várias vezes citado nesse capítulo sobre a influência dos jograis.

outras partes da Alemanha converteram-se em *Stadtpfeifer* e, na Itália, em *pifferi*. Organizados em guildas e ciosos de sua posição e privilégios profissionais, nessas organizações não entravam todos os comediantes itinerantes, que viviam como podiam das suas mais variadas atividades; os ambulantes continuaram 'folgazões e vagabundos' sem casa, marginalizados até que os atores se estabeleceram em companhias regularmente organizadas em teatros permanentes e, às vezes, com patrocínio aristocrático."[78]

Era isso que ia explicar o fato de, através desse "patrocínio aristocrático", os músicos das guildas municipais terem desembocado na experiência da pequena burguesia artesã alemã dos *Meistersänger*, que procuravam tornar "artístico" o canto popular, enquanto os cegos e jograis "folgazões e vagabundos" prosseguiam, por toda a Europa, no livre exercício de sua tradição musical aberta às mudanças da realidade social.

A oposição entre popular e erudito assim colocada indicava, como se percebe — embora de forma ainda muito velada — uma clara antecipação do futuro preconceito de classe, já tão bem mais evidente, em 1449, na observação do Marquês de Santillana ao Condestável de Portugal, de que "Ínfimos são aqueles que sem qualquer regra ou medida fazem estes cantares e romances para alegria da gente de baixa e servil condição".

Com tais preconceitos, afinal, os representantes da arte culta só vinham chamar a atenção para um processo de democratização da cultura urbana destinado, com o advento da imprensa responsável pelo aproveitamento da poética-musical do povo como literatura de cordel, a revelar a primeira grande contribuição popular às propostas de modernidade do Renascimento. E tudo

---

[78] Henry Raynor, *História social da música*, Rio de Janeiro, Zahar, 1981, p. 60.

através de um encontro de interesses entre a nova indústria da imprensa e a gente que constituiria seu público, como tão bem resumiria em meados do século XIX o crítico e bibliófilo espanhol Agustin Duran ao descrever, no Apêndice de seu *Romancero general, ó Collección de romances castellanos anteriores al siglo XVIII*:[79]

> "Desprezada pelos trovadores, a poesia popular valeu-se apenas da memória, pois o povo não era suficientemente rico para conservá-la em códices caríssimos, e, mesmo que o fosse, de nada lhe valeria porque, rude e inculto, ignorava a arte de ler e de escrever. Contentava-se, pois, em ouvir os romances prediletos recitados por seus cantores e jograis pelas praças e nas festas de rua, em troca de uma parca moeda. Como, porém, já no século XVI a imprensa fez cair o preço dos impressos quase ao nível da moeda dada aos jograis para os ouvir, fomentou-se com isso o interesse pela leitura, levando editores a transformar em fonte de lucro a impressão de tudo o que aparecesse no gênero; e não foi pouco o que se lhes ofereceu, a julgar

---

[79] Agustin Duran (1793-1862), *Romancero general, ó Collección de romances castellanos anteriores al siglo XVIII, recogidos, ordenados, clasificados y anotados, por Don Agostin Duran*, Madri, Atlas, 1945, 2 vols. Reprodução dos volumes 10 e 16 da Biblioteca de Autores Españoles, em que pela primeira vez se publicou por meados do século XIX (não consta a data) este *Romancero general* (que constituía, por sua vez, ampliação de trabalho anterior do autor, impresso de 1828 a 1832 sob o título de *Collección de romances antiguos, o Romanceros*). A edição de 1945 reproduz nas suas páginas LXII a XCIX o "Catálogo por órden alfabético de varios pliegos sueltos que contienen romances, villancicos etc., de poesía popular o popularizada" (trabalho muito citado por autores como Teófilo Braga e Carolina Michaëlis sem a indicação necessária de sua vinculação com o *Romancero general*). A citação é do Apêndice do 1º volume da edição de 1945, p. XLII, em tradução do autor.

pela multiplicação das edições de romances e poesias populares de agrado do povo e ao alcance do seu bolso. E eis como se pode dizer que, não apenas as folhas volantes — primeiros ensaios de poesia popular impressa — mas as tantas coleções baratas publicadas um pouco antes, ou logo depois do início do século XVI, constituíram muito mais especulação de livreiros do que produção motivada por anseios de glória."

11.
ROMANCES SÃO CANTOS, VERSOS SÃO LETRAS

A prova de que, ao lançar por volta de 1547, pela sua casa de Antuérpia, a coleção *Cancionero de romances*, o editor Martín Nucio já tinha a perfeita noção de estar divulgando não mais versos de poesias, mas autênticas letras de música popular, estava em que — em coerência com a escolha do nome "cancioneiro" para a obra — o justificava com a certeza de que *"qualquier persona para su recreación y pasatiempo holgaría de lo tener"*.

O próprio tipo de gente à qual o impressor dirigia sua coletânea, aliás, servia para mostrar o claro objetivo de recreação de tipo urbano, moderno para a época: segundo Antônio Rodriguez-Moñino em sua obra também intitulada *Cancionero de romances*, Martín Nucio recolhera por toda a Espanha — após ouvir, inclusive, "recitações de iletrados" — 155 cadernos e *"pliegos sueltos"* com os romances mais populares em voga, porque seu público seriam os distantes soldados destacados para proteção das empresas espanholas em Flandres.[80]

Essa característica tão típica da moderna canção urbana de tornar-se internacional, desde logo revelada na própria iniciativa desse espanhol feito impressor em terra estranha, podia ser encontrada também em exemplo português, ainda no início do mesmo século XVI. Segundo João de Barros no capítulo 5 do Livro I de sua *Década III*, um romance baseado na perda da batalha de Zeila, entre 1515 e 1520, na Abássis [Abissínia] do Preste

---

[80] Informação sobre o livro de Antônio Rodrigues-Moñino, *Cancionero de romances*, Madri, Editorial Castália, *apud* Marlyse Meyer, *Maria Padilha e toda a sua quadrilha: de amante de um rei de Castela a pombagira de Umbanda*, São Paulo, Duas Cidades, 1993, pp. 63-4.

João, ainda podia ser ouvido pelos portugueses que lá chegavam, dois anos depois, porque do "caso se fez uma cantiga (ao modo como acerca de nós se cantam os rimances de cousas acontecidas) que os nossos ouviram cantar na corte do Preste daí a dous anos".

Era o mesmo que dizer que os portugueses enviados como soldados ou funcionários ao Oriente descobriam-se personagens de cantoria local ao modo daquela que, em Portugal, eles mesmos cantavam em seus "rimances de cousas acontecidas".

Assim, se alguma dúvida ainda restasse de que, ao instaurar-se a voga dos romanceiros impressos no século XVI, a cantoria de seus versos já constitui na Península Ibérica uma espécie de gênero musical dirigido à diversão das pessoas, no estilo das canções da futura música popular das cidades, bastaria para eliminá-la a declaração expressa de outro organizador espanhol de cancioneiro, em 1551. No prólogo da coleção intitulada *Romances nuevamente sacados de historias antiguas*, seu editor, Sepúlveda, afirmava ter realizado a seleção de romances apresentada ao público *"para aprovechar-se los que cantarlos quisieren, en lugar de otros muchos que yo he visto impressos de muy poco fructo"*. Ora, isso valia por dizer que o diligente Sepúlveda — com ostensivo sentimento de superioridade intelectual, por sinal — sugeria a seus leitores novas "letras" mais bem cuidadas, do ponto de vista da poesia culta, como opção aos romances de origem popular, por certo literariamente mais rudimentares.

A declaração preconceituosa do editor explicava-se, aliás, porque por aquela metade do século XVI os romances *"nuevamente sacados de historias antiguas"* constituíam, de fato, em muitos casos, apenas o aproveitamento de algum de seus versos para a composição de glosas, ao lado de versões "ao amoroso" (em que, por exemplo *"Renego de ti, Mahoma"* virava *"Renego de ti, amor"*), chacotas, e mesmo de paródias. E entre estas podendo ser lembrada a de Gil Vicente sobre versos do romance da "Bela mal maridada", que na tragicomédia da *Frágua d'amor*, de 1526, era cantada em língua de negro perante a "Deusa Vénus, Rainha da Música", pelo africano vindo "lá de Tordesilla":

La bella mal maruvada
de linde que a mi vê,
vejo-ta triste nojara,
dize tu razão puru quê.

A mi cuida que doromia
quando ma foram cassá;
se acordaro a mi jazia
esse nunca a mi lembrá.
La bella mal maruvada
não sei quem cassa a mi,
mia marido não vale nada,
mi sabe razão puru quê.[81]

    A multiplicação das variantes, no caso desse romance tantas vezes aproveitado da "Bela mal maridada", ia sugerir a Carolina de Michaëlis a oportuna observação: "Em vista disso, não admira que a poesia fosse tratada ora como *canción antigua* ou como *copla* a que faziam voltas os que só olhavam para os primeiros octonários, ora como *cantar*, ou como *romance* pelos entendidos." O que completava em nota ao pé da mesma página de seu *Romances velhos em Portugal*: "Os compositores deram-lhe o título de *villancico* injustificadamente, isto é, sem observarem as regras da Poética. — Também houve um autor de voltas (Rennert nº 230) que procedeu assim".[82]

    Em resumo, o que tudo isso vinha indicar era a entrada em cena, desde a segunda metade do século XV, de nova geração de

---

    [81] Gil Vicente, *Tragicomédia da Frágua*, in *Copilaçam de todalas obras de Gil Vicente*, Lisboa, Imprensa Nacional/Casa da Moeda, vol. II, p. 146. Gil Vicente aproveitava uma das versões do romance da "Bella mal maridada" que dizia: "*La bella mal maridada/ de las más lindas que yo vi/ véote triste, enojada,/ la razón, dímela a mí*".

    [82] Carolina de Michaëlis Vasconcelos, *Romances velhos em Portugal*, Coimbra, Imprensa da Universidade, 1934, 2ª ed., p. 165.

poetas e músicos, agora não apenas palacianos, mas dos meios burgueses, decididos a aproveitar a onda de popularidade dos romances impressos para produção de novas histórias em versos segundo o estilo e — o que viria a constituir novidade — de trovas "à maneira de romance". E, no caso dos poetas-músicos, sendo capazes ainda de acrescentar aos romances velhos, recitados, fechos musicais de caráter lírico, sob a forma de "vilancetes ou vilancicos por deshecha". E tudo a configurar um fenômeno que não era apenas português porque, enquanto na Espanha os romances davam origem a *canciones*, *letrillas*, *glosas sueltas*, *lyras*, e *ensaladillas* e xácaras de teatro, na França saíam da *Canção de Roland* cantorias líricas abreviadas (como os romances antigos ibéricos), e em suas províncias, seguindo o mesmo modelo, as *gwerz* na Bretanha e as baladas em Flandres. E ainda, em outros pontos, as chamadas *complaintes*, que em seu *La chanson populaire française* Jacques Gardien definiria escrevendo:

> "Espécie de canção narrativa, triste e severa, a *complainte* profana [porque havia uma *complainte* da Igreja, que romanceava em quadras octossilábicas a vida dos santos, desde a 'Cantilena de Sta. Eulália', do século IX] explora temas romanescos, como os de 'Henriette e Damon', 'Pyrame e Thisbé', 'Geneviève e Brabant', 'O filho pródigo' ou 'O judeu errante'."[83]

E, como lembraria ainda o mesmo autor, seriam exatamente essas cantorias que, transmitidas oralmente, acabariam originando depois, na própria França, as baladas tão aparentadas aos *voceri* da Córsega e aos romances ibéricos. Tradição de cantares narrativos que ia contribuir, afinal, com pelo menos um clássico consagrado no futuro como exemplo de música popular ur-

---

[83] Jacques Gardien, *La chanson populaire française*, Paris, Libraire Larousse, s/d [1948], p. 16.

bana francesa equivalente ao do "Conde Claros" em Portugal: o "Quand Jean Renaud revient de la guerre". Ou, como resumiria J. Gardien, "o admirável 'Quand Jean Renaud revient de la guerre', considerado o tipo realmente clássico da canção popular, obra positivamente magnífica e de uma poesia intensa, expressão ideal do gênio popular".[84]

Essa tendência para o aproveitamento de temas populares despertada pela voga dos romances nos meados do século XV, teve na Espanha dois pioneiros quase simultâneos em Juan Alvarez Gato (representado no *Cancionero general* de 1511 por glosas e "*letras e cantares del vulgo*", de que mais tarde se arrependeria, classificando-as de "*copias viciosas de amores pecadoras e llenas de mocedades*") e Juan del Encina (com *Cancionero* próprio editado em Salamanca em 1496, e depois especialista num tipo de teatro musicado afim ao de Gil Vicente). Tendência que logo repercutiu em Portugal, mas, tal como em Castela, sem vantagem para o futuro conhecimento de como realmente soavam os cantares do povo que tais poetas-músicos eruditos tomavam para mote. Caracterizava-se, assim, mais uma vez, com o aparecimento dos cancioneiros gerais seiscentistas de fonte culta, pelo contraste com os antigos cancioneiros de romances (que, quando não reproduzissem o canto popular como tal, ao menos — como lembra Fernando Wolf — seguiam-lhe de perto o estilo), a velha tendência para a oposição popular-erudito. Oposição que, é bem verdade, não excluía a coexistência das duas formas de expressão, como em seu breve mas substancioso *Música popular espanhola*, lembraria Eduardo López Chavarri:

> "Isso, porém [o aproveitamento erudito de temas populares] não impedia o cantar dos romances — e das canções dele derivadas — acompanhados à viola ou harpa, tanto entre a gente da nobreza quanto do povo,

---

[84] Jacques Gardien, *op. cit.*, p. 17.

e isto porque tais cantares haviam-se espalhado por toda a parte. E se a Rainha Católica tinha seus cantores e instrumentistas, Cervantes nos dirá que também a gente da cidade canta romances velhos e novos acompanhando-se à sanfona, em suas horas de lazer."[85]

Realmente, apesar de toda a importância da produção de temas e formas populares pelos poetas e músicos eruditos palacianos, ou ligados às capelas e ao teatro, a participação dos criadores populares ia tornar-se tão marcante a partir da segunda metade do século XVI que chegaria a provocar uma revolução semântica. É que o termo trovador, até então sacralizado como designação de poeta-músico cortesão, ao passar a nomear também os que faziam trovas ao modo de romances, passou por contaminação com a figura desses poetas músicos do povo dedicados à mesma arte, em plano inferior, a sofrer progressiva perda de prestígio. O caminho dessa queda de importância da palavra, por transferência de sua aplicação de uma classe para outra, seria fixado por Jorge Ferreira de Vasconcelos no passo de sua *Comédia Eufrosina* (escrita em 1542 ou 1543) em que o cortesão Zelotipo, após defender sua "lingoagem nova" (contrariada pelo amigo Cariófilo) argumentando que "os que mais florecerão na prosa que voz autorizais trabalharão por lhe acabar as clausulas em metro", ouve por resposta a frase carregada de preconceito social: "*Cariophilo* — Ora uos digo que tereis razam, mas eu não sey cousa que mais enfade que estes trouadores do pouo, nem se pode sofrer troua maa".[86]

Um século depois, e ainda no teatro — mais precisamente na farsa *O fidalgo aprendiz*, concluída por D. Francisco Manuel

---

[85] Eduardo López Chavarri, *op. cit.*, p. 45.

[86] Jorge Ferreira de Vasconcelos, *Comédia Eufrosina*, texto da edição prínceps de 1555 com as variantes de 1561 e 1566, edição, prólogo e notas de Eugenio Asensio, Madri, 1951, pp. 180-1.

de Melo na Torre de Belém, a 3 de outubro de 1656 —, o personagem Afonso Mendes, homem vindo do século XVI, após definir seu senhor como "um escudeiro enfronhado em cavaleiro", apontava-lhe entre as fraquezas, além da de ser namorador, a de pretender-se "contrabaxo e trovador".[87]

Assim, não seria preciso mais um novo século para que a arte dos antigos trovadores dos séculos XII a XV, rebaixada à pretensão glosadora de escudeiros nos séculos XVI e XVII, chegasse afinal ao século XVIII transformada em ofício de poetas de cordel, especialistas na descrição de cenas de touradas, sempre capazes de ceder à mentira: "que não será estranhada entre os Senhores;/ digo, aqueles Senhores trovadores", segundo o poeta satírico Tomás Pinto Brandão. E isso até (para desprestígio final) poder ser incluída entre as formas de embuste dos lisonjeiros, como por volta de 1720 apontava o poeta de "Vida e morte de Tomás Pinto Brandão, escrito por ele mesmo semivivo":

> Então tu não louvas nada,
> Inda que seja mal feito,
> De tantos que hoje em Lisboa
> Se pagam de lisonjeiros?

Roído pelo "desengano do mundo", o poeta achava que não havia realmente em seu tempo nada para louvar, a menos que fazendo-o por ironia, pelo "caminho diverso" dos contrários. Pois só assim se poderia chamar "Boa voz a uma cigarra,/ Bom tocador a um tormento;/ Bom Poeta a um trovador...".[88]

---

[87] D. Francisco Manuel de Melo, *O fidalgo aprendiz*, Lisboa, Livraria Clássica Editora, 1943, p. 39.

[88] "Vida e morte de Tomás Pinto Brandão, escrito por ele mesmo semivivo", em Tomás Pinto Brandão, *Antologia — Este é o bom governo de Portugal*, Lisboa, Publicações Europa-América, 1976, p. 42.

12.
CANTO POPULAR E GUITARRA (QUE ERA VIOLA)

Admitida, por evidência histórica, a existência de uma tradição em linha direta, desde a Antiguidade, de uma monodia popular baseada no canto recitado de histórias em versos — primeiro mítico-épicas, depois étnico-"nacionais" e, finalmente, lírico-novelescas — sempre com acompanhamento de algum instrumento, caberia tentar desvendar a sua trajetória também enquanto evolução musical.

Curiosamente, a transformação dos temas épico-míticos em matéria lírica de poesia cantada já tinha acontecido na Grécia antiga, a partir do século V antes de Cristo, com a "transformação artística dos cantos heroicos, na poesia coral, que surge na Sicília: a transfiguração da forma épica na lírica", como informa Werner Jaeger em *Paideia*. Ou seja, a velha poesia heroica das sagas passava a "letra" de música cantada, como dá a entender o mesmo autor ao escrever:

> "Para a lírica coral anterior a Píndaro, ela [a poesia heroica] não é um fim em si mesma, como era para a épica, mas apenas a matéria ideal para as composições musicais e representações corais. Nela cooperam *logos*, *rythmos* e *harmonia*, em menor grau, porém, o *logos*. A música orienta o conjunto e é ela que desperta o verdadeiro interesse."[89]

---

[89] Werner Jaeger, *op. cit.*, p. 269. O autor remata sua informação com essa frase que parece definir o fenômeno acontecido com os romances de fins

Tal como nesse exemplo da Antiguidade, o fenômeno mais recente da transformação em canção urbana do canto narrativo dos romances herdeiros das gestas, na era de Quinhentos, esbarra numa mesma dificuldade para a sua explicação: a falta de documentação musical.

A queixa dos musicólogos e estudiosos da história da música, no que se refere a essa falta de anotação musical, continua hoje, aliás, a mesma do especialista em música medieval, Théodore Gérold, quando em 1932 escrevia:

> "Sabemos que as canções de gesta, bem como outros poemas épicos eram cantados, mas não possuímos infelizmente, até agora, a melodia de qualquer desses poemas. Já se tentou fixar de várias maneiras ao menos o tipo de tais melodias. Até o momento os resultados ainda são hipotéticos. As propostas no que se refere às canções de gesta baseiam-se na existência de duas frases melódicas, e na analogia que podiam apresentar com certos poemas épicos ou lírico-épicos."[90]

De fato, após uma análise comparativa entre os poucos exemplos de notação de cantares de tipo narrativo do século XII, o musicólogo permitia-se apenas essa curta conclusão:

> "Do que acabamos de dizer pode concluir-se que a melodia de uma canção de gesta consistia em uma (às vezes duas) frases simples e curtas, de caráter essen-

---

do século XV ao século XVI: "É uma dissolução do mito num certo número de momentos de sensibilidade lírica, unidos a uma narração progressiva, em forma de balada, com o único fim de servir de base à composição musical" (*op. cit.*, p. 269).

[90] Théodore Gérold, *La musique au Moyen Âge*, Paris, Librairie Ancienne Honoré Champion Éditeur, 1932, p. 81.

cialmente silábico e repetido em todos os versos da estância, seguindo o estilo da salmodia."[91]

Pois trinta anos depois, em 1960, no capítulo sobre os cantares da Idade Média de sua *History of Song* — publicada em espanhol em 1990 — o inglês Gilbert Reaney ainda se apoiava em Gérold para concluir, após estudar as diferenças entre o *lai* francês e o bretão ("obra narrativa que seguia o estilo da *chanson de geste*"):

> "A canção de gesta, o extenso poema heroico tão popular na França do século XI ao XIII, repetia simplesmente uma frase musical de âmbito suficientemente amplo para cobrir todo o verso, no estilo do salmo primitivo."[92]

E ainda em 1981, quando saem na cidade de Havana os dois volumes de *La lírica castellana hasta los Siglos de Oro*, da ensaísta cubana Mirta Aguirre (1902-1980), essa autora, após análise da música do romance velho "A cazar va Don Rodrigo", cuja melodia Francisco de Salinas (1512-1590) registrou em seu *De Musica Libri Septem* (Salamanca, 1577), nada tinha a acrescentar às conclusões anteriores: "Se bem se repara, o que salta da música é uma espécie de cantilena monótona, como numa semirrecitação, forma mais provável pela qual se diriam os romances mais antigos".[93]

A aceitação pura e simples dessa ideia de uma "cantilena monótona" como forma de recitação cantada das canções de ges-

---

[91] Théodore Gérold, *op. cit.*, p. 88.

[92] Gilbert Reaney, *História de la canción*, Madri, Taurus Humanidades, 1990, p. 2.

[93] Mirta Aguirre, *La lírica castellana hasta los Siglos de Oro*, Havana, Editorial Letras Cubanas, 1985, p. 511.

ta até o século XIV e, daí, até o século XVI, dos romances lírico-novelescos, seria responsável, desde o aparecimento dos estudos sobre as relações entre música medieval e música da Igreja, pela tentativa de vinculação do cantar romance com a monodia do canto litúrgico. Tal aproximação baseada no parentesco sonoro, no entanto, ignora a diferença fundamental na origem das duas linguagens musicais, que é a representada pela diversidade da prosódia. O estabelecimento da comparação entre o recitativo da salmodia litúrgica e o das histórias em verso das gestas (e, depois, dos romances populares) não leva em conta o fato de, no canto em latim da Igreja, a medida determinante do ritmo interno dos versos ser a quantidade das sílabas longas e breves, o que pedia em cada caso um diferente módulo de alturas sonoras denominado de modo. Já nos romances, que viriam a ser cantados em línguas neolatinas, o mesmo equilíbrio prosódico-musical seria determinado pelo ritmo dos acentos das palavras, através de pausas métricas contadas em sílabas. Essa diferença faria com que, enquanto no recitativo litúrgico o canto se processava *in directum*, segundo o *quasi-recto-tono*, ou seja, numa sucessão de sons desenvolvidos numa linha reta e plana, com entonações sujeitas a medidas de tempo invariáveis, na cantoria popular a alternância regular dos acentos silábicos ia conduzir a uma ideia de tempo medido, através do estabelecimento de um ritmo melódico sugerido por aquele pulsar métrico da acentuação.

Esse pormenor seria, aliás, bem captado por J. Gardien em *La chanson populaire française* ao falar de "histórias romanescas, lendárias, de um tempo passado", quando anota que "tais poemas eram geralmente cantados com música do tipo "melopeia", ou de medida melódica breve e sempre repetida, com aquele ar de canto de igreja apressadamente apontado nas melodias populares por observadores superficiais, quando não o dão mesmo como sua origem". Ao que acrescentava, com propriedade:

"É verdade que algumas destas melodias sofreram influência dos cantos litúrgicos, mas a ulterior fixação de suas formas ia revelar-se desde logo diferente. Por isso Gérard de Nerval classificaria a canção de *Jean Renaud* e a do *Roy Louis* de 'canto de Igreja misto de canto de guerra'. Porém, como com justeza escreveu Julien Tiersot, 'o ritmo de seis por oito é de uma clareza, de uma justeza e uma simetria jamais encontradas no mesmo grau do cantochão. A própria tonalidade é mais livre; e o elemento cromático, eminentemente expressivo, aparece com frequência na alteração da nota sensível, adoçando a aspereza da melodia'."[94]

É de compreender que, ao procurar acompanhar o seu canto falado com apoio na acentuação das palavras dos versos — em que os acentos tônicos marcavam por assim dizer o tempo forte — o cantador popular se distanciasse do caminho seguido pela monodia dos cantos de Igreja. E, realmente, estes, presos aos modelos dos modos litúrgicos previamente estabelecidos, tendiam a fugir da monotonia através do aproveitamento dos intervalos decorrentes da ondulante cadência oratória das sílabas longas e breves enfeitando-os com melismas, enquanto os cantores-músicos populares buscavam efeito equivalente no aproveitamento dos intervalos da sucessão de acentos fortes e fracos, através de síncopes silábicas de efeitos cromáticos.[95]

---

[94] Jacques Gardien, *op. cit.*, pp. 17-8.

[95] A certeza dessa contribuição dos músicos cantores do povo na distinção entre a música profano-popular das cidades e a música da Igreja era afirmada na segunda metade do século XIX por Teófilo Braga, ao registrar em sua *História da poesia popular portuguesa* (cit., p. 439) que a "A relação íntima e constante da palavra com a melodia é que determina na poesia e música populares essas audaciosas síncopes silábicas, e sua divisão da escala tonal de efeitos imprevistos, que assombram os compositores". A marca da influência popular na própria música cortesã seria indicada por Joly Braga Santos no artigo "A música em Portugal na época de D. Manuel I" (*Panorama*, nº 32, 1969, pp. 27-36), em que observa: "O emprego frequen-

Essa mesma peculiaridade do cantar romance popular, aliás, serviria para mostrar a sua absoluta originalidade em face também do canto trovadoresco. É que a canção dos trovadores, tendo rompido com o silabismo das gestas, ainda apoiada nos acentos das palavras, preferia aproximar-se do canto litúrgico ou paralitúrgico pelo requintamento da linha melódica. Ou, como escreveria Henri-Irénée Marrou em *Les troubadours*, ao definir a canção que daí resultaria:

> "Deixa de ser silábica para se enfeitar principalmente através das rimas, de mil ornamentos sinuosos: são na verdade melismas, notas de efeito, portamentos de voz, apogiaturas expressivas e grupetos, formas e desenhos variados que, à primeira vista, lembram as cadências ornamentadas de nossos jogos de órgão."[96]

Assim, ao amparar-se numa frase melódica que, recusando obediência aos acentos, se afastava definitivamente do estilo popular, a melodia trovadoresca se desenvolveria em clima sonoro livre e fluido, sem preocupação de medida representada por barras, e sem qualquer relação com o acompanhamento, por isso entregue à improvisação, alternando com a voz.[97]

---

te do intervalo de terceira, quando ainda raramente usado, e a original orgânica das cadências, principais fatores deste caráter, são fenômenos que encontram a sua explicação na influência, mais profunda entre nós, dos elementos populares" (p. 28).

[96] Henri-Irénée Marrou, *Les troubadours*, Paris, Éditions du Seuil, s/d [1971], p. 86.

[97] Segundo observa Théodore Gérold em seu *La musique au Moyen Âge*, ao rebuscar a melodia através de um desenho sonoro obtido pelo jogo de sílabas átonas entre os tempos fortes (o que afastava a necessidade de obediência a qualquer marcação rítmica regular), a prosódia do verso trovadoresco, em vez de determinar o acompanhamento, servia apenas de elemento animador da melodia. E seria esse enriquecimento unilateral da me-

Até o século XVI o estilo do canto solo popular acompanhado por instrumento deve ter percorrido a sua trajetória sem grandes novidades, do ponto de vista do enriquecimento musical da sua recitação de versos rítmicos — bem cantantes nas rimas das redondilhas, é verdade — continuando presos sempre ao esquema geral das melopeias.

Com o aumento da participação das camadas populares na vida das grandes cidades, a partir da expansão da burguesia comercial em fins do século XV, porém, a necessidade de atender às solicitações das "desvairadas mudanças de vida e de costumes" a que se referia o cronista Garcia de Resende, levaria ao surgimento de "novas novidades", inclusive na área de construção de instrumentos musicais. E foi o que realmente aconteceu com o aparecimento da guitarra, simplificação da *vihuela de mano* ou de *péñola* (tocada com plectro), e que em lugar das seis ordens de cordas do modelo espanhol era fabricada em tamanho menor, em modelos de quatro ou cinco cordas, muito apropriadas para "acompanhar os cantares da arraia-miúda", como escreveria Mário de Sampayo Ribeiro em *As guitarras de Álcacer e a guitarra portuguesa*, citando o prefácio do espanhol Eduardo Torner à *Coleccion de vihuelistas españoles de siglo XVI*.

Em seu estudo sobre a guitarra, aliás, Mário de Sampayo Ribeiro chamava a atenção para o fato de as violas e guitarras constituírem, tal como as próprias *vihuelas*, uma continuação dos alaúdes, divididas em dois tipos: a viola propriamente dita, de seis ordens de cordas (da inferior, *prima*, à última superior, *sexta*), e a de formato menor, com quatro ordens de cordas (a primeira simples e as restantes duplas), chamada às vezes na Espanha de *guitarrilla* e em Portugal sempre de guitarra. Os dois instrumentos iam coexistir mantendo suas diferenças (a viola preferida por instrumentistas de maior conhecimento e técnica musical, as gui-

---

lodia o responsável pela ausência de qualquer vínculo entre a palavra cantada e o acompanhamento, por isso sempre improvisado.

tarras pelos tocadores de rua do povo), até que os progressivos aperfeiçoamentos efetuados nas guitarras, a partir da segunda metade do século XVI, aproximou tanto os dois modelos que, pelo final do século, passariam ambas a ter o mesmo nome. E que, ao passar de quatro para cinco ordens ou pares de cordas (o que situava o instrumento entre a *vihuela* e a viola já conhecida), a nova guitarra vai ser simplesmente viola em Portugal, e *guitarra española* na própria Espanha (onde ganha o seu primeiro tratado em 1586) e ainda nos demais países em que seria adotada.

O salto definitivo nessa linha de evolução técnica das antigas guitarras transformadas em violas ocorreria no século XVII, com o acrescentamento de bordões de prata às cordas duplas das ordens *contras* (ré ou *requinta*) e *baixas* (lá, *cimeira*), o que conferia som mais baixo às cordas do meio (as *toeiras* ou *terceiras*, de sol). E, assim, como era pela toeira que se dava o tom para a afinação, pode-se compreender por que o cantar segundo o que determinava a toeira acabou levando a chamar-se genericamente de toadas os mais variados cantos populares.

Até o aparecimento das novas guitarras, afinal chamadas de violas, e que se caracterizariam pelo intervalo de quarta entre as cordas duplas,[98] com as lisas junto aos bordões, da "banda de fora", uma oitava acima, as possibilidades técnicas do acompanhamento do canto solista dos romances circunscreveram-se às limitações naturais do instrumento primitivo. Com suas três ou quatro ordens de cordas dobradas formando uma oitava — como informava em 1555 em sua *Declaración de instrumentos* o padre Juan Bermundo —, tal guitarra antiga continuaria a ser usada no acompanhamento dos romances com afinação "a los viejos" ou a "los bajos", isto é, lá^3 — mi^3 — dó^3 — fá^2, do agudo para os graves. Ou, como registraria Ernesto Veiga em *Instrumentos musicais populares portugueses*, por essa sua limita-

---

[98] O chamado *diatassarão* correspondendo ao *diathessaron* grego: o intervalo de quarta, terceiro na ordem das consonâncias. O nome ficaria no cantochão.

ção — apesar de permitir o toque ponteado ou dedilhado — tornando-se sempre mais apropriada "para o toque de rasgado, como acompanhamento de danças e romances do povo".[99]

Se o toque de rasgado não permitia as possíveis sutilezas melódicas do dedilhado, por ferir ritmicamente as cordas todas de golpe, levaria a uma particularidade de consequências decisivas para a futura estruturação do moderno sistema tonal. E isto porque, ao conferir um sentido rítmico ao acompanhamento ligado à melodia, por obediência aos acentos das palavras e à cesura dos versos, o tocador ia chegar pela alternância de tônica e dominante a uma espécie de funcionalismo harmônico, representado pela simetria na repetição de períodos de quatro a oito compassos.

Seria essa capacidade de acompanhar a melodia cantada desprezando, no toque de rasgado, a obediência às convenções das tablaturas do tempo, o que levaria a resultados musicais semelhantes os tocadores populares por toda a Europa durante o século XVI. Para o caso da França era o que concluía J. Gardien ao escrever que "quanto à tonalidade moderna, cuja criação se atribui geralmente à influência da harmonia — o que constitui erro, pois ela existiu de há muito na melodia pura —, só concebe dois modos: o maior e o menor, o que desde Seiscentos era exatamente o que acontecia nas melodias populares francesas".[100] Para o caso da Itália, Alfredo Bonaccorsi, amparado no estudo de T. Torrefranca, *La origine della musica*, observaria, no mesmo sentido: "Quanto aos modos *maior* e *menor*, é para notar a observação de Torrefranca, o qual, referindo-se ao *Quattrocento*, escreve que 'a influência do maior ou menor... foi sempre antecipada pela música popular, distante da douta teoria helenizante e

---

[99] Ernesto Veiga de Oliveira, *Instrumentos populares portugueses*, Lisboa, Fundação Calouste Gulbenkian, 1982, p. 122. Todas as informações técnicas sobre as guitarras devem nesse ponto ser creditadas a este autor e a Mário de Sampayo Ribeiro, no já citado *As guitarras de Alcácer e a guitarra portuguesa*, Coimbra, 1936.

[100] Jacques Gardien, *op. cit.*, p. 48.

da complexa prática dos modos eclesiásticos'".[101] E, na Espanha, os tocadores de *vihuela*, para fugir à monotonia de tal forma de acompanhamento, ainda acrescentariam a experiência das variações, que, segundo Chavarri, conferiam ao canto e melodia "novos e sucessivos ornamentos, nascendo assim uma forma de música de enormes resultados no futuro".[102] Novidade, aliás, possibilitada pelo fato de os tocadores afinarem a *vihuela* por "temperamento igual", ou seja, "igualando os semitons da escala, contra as regras de certos teóricos que os declaravam desiguais, dividindo-os em maiores e menores". O que permitia ao autor resumir: "ideia revolucionária para os teóricos italianos e da Espanha, que levantou muito pó, mas graças à qual se antecipou de três séculos o *Cravo bem temperado* de Johann Sebastian Bach".[103]

Assim, é quase certo ter acontecido que, se desde o aparecimento da guitarra de quatro ordens de cordas, essa "passou a representar um concerto tão fácil de tocar, principalmente no toque rasgado, que não há moço de cavalos que não seja músico de 'guitarra'" — no dizer de Covarrubias (1532-1612)[104] —, tão logo seu estilo de tocar passou às violas de cinco ordens, novos avanços terão ocorrido no acompanhamento dos romances, por imitação dos *vihuelistas*.

---

[101] Alfredo Bonaccorsi, *La musica popolare*, Florença, Casa Editrice Monsalvato, 1943, p. 41. Páginas adiante estenderia essa tendência a toda a música das camadas populares da Itália, ao afirmar que "a canção italiana é geralmente binária, como na forma clássica (A-A¹, ou A-B), dispondo-se em estrofes alternadas entre solo e coro, ou estrofe única sempre repetida, como nos *stornelli*". E acrescentando: "No que se refere à canção predomina a melodia, enquanto a harmonia, na maior parte dos casos, limita-se a uma sucessão contínua de tônica e subdominante" (*op. cit.*, p. 50).

[102] Eduardo López Chavarri, *op. cit.*, pp. 42-3.

[103] Eduardo López Chavarri, *op. cit.*, pp. 43-4.

[104] Covarrubias (Sebastián de Covarrubias y Horizco), *Tesoro de la lengua castellana o española*, 1ª ed., Madri, 1611; 2ª ed., em duas partes, 1674; edição mais recente, Barcelona, Martín de Riquer, 1943.

É de admitir-se, pois, que, como as cordas das violas guardavam intervalo de quarta, bastava o uso da nota sensível elevar de um semitom a penúltima nota nas cadências finais, para configurar-se o trítono, que a Igreja chamava de "diabo na música". E essa nota sensível representava o diabo na música exatamente pelo perigo de sua sedução, pois, graças à atração pelo grau vizinho, ao levar à configuração da quarta aumentada fá-si (o trítono), como que dulcificava a melodia. E isso, a Igreja sabia, induzia à tentação de busca da expressividade pelo uso de recursos de execução (como os trêmulos) capazes de conduzir a um clima de abandono ou melancolia, vizinhos da lassidão de um puro gozo sensorial.

Do ponto de vista da evolução musical do cantar romance, isso significava que a alternância do maior-menor, combinada com o emprego da nota sensível, permitiria, através dos enfeites no acompanhamento, conferir às melodias derivadas da cadência prosódica dos versos em redondilha maior um cromatismo de riqueza jamais imaginada. E isso embora, na maioria dos casos — como seria sempre o mais comum na música popular — mesmo sem chegar ao requinte da modulação, por o músico-cantor se limitar a oscilar entre as duas tonalidades em passagens do maior para o relativo menor, ou vice-versa.[105]

---

[105] Essa relação necessária entre a melodia cantada e os novos recursos de acompanhamento surgidos das experiências das variações no estilo popular (certamente imbuídas de sentido tonal) seria posta em relevo por Eduardo López Chavarri em seu *Música popular espanhola*: "Dissemos que o tamanho longo do romance e a persistência da melodia criaram a variação, quer no canto, quer nos desenhos do acompanhamento. Isso explica por que as mais antigas variações escritas conhecidas sejam espanholas, a saber: as do organista e cravista de Carlos V, Antonio de Cabezón (1510-1563); o povo já lhe oferecia o modelo pronto" (*op. cit.*, p. 44). Em seu *Aspectos da música ocidental* (Belo Horizonte, UFMG, 1971, p. 158), Conceição Rezende, ao analisar a música dos 1600, observa que "o incremento do cromatismo altera a estrutura dos velhos modos e a noção do acorde e seus encadeamentos conduz à noção de tonalidade".

13.
MÚSICA DOS BARBEIROS E DOS TEATROS

Os cantares com acompanhamento de guitarra ou viola dos músicos-poetas das camadas baixas da cidade, já capazes de configurar o que hoje chamamos de música popular, iam apresentar-se de forma dúbia no teatro de costumes renascentista, pois mesmo quando Gil Vicente em seus autos, em Portugal, e Juan del Encina em suas éclogas, na Espanha, aproveitavam cantos e danças do povo, o tratamento que lhes davam era sempre erudito.

Essa dubiedade dos músicos-compositores de teatro de costumes populares ficaria claramente expressa na observação de Eduardo López Chavarri sobre Juan del Encina em seu *Música popular espanhola*:

> "Encina passou longas temporadas em Roma, onde gozou do valimento das cortes pontifícias de Alexandre VI, Júlio II e Leão X; conheceu bem contrapontos e fugas enquanto músico ilustrado de seu tempo, mas suas melodias, embora não de barbeiro ou jogral, revelam marcado caráter espanhol, como demonstram os seus vilancicos e canções."[106]

Assim, mesmo quando Lope de Rueda, contemporâneo de Encina, começa *"a poner la farsa en buen uso"*, fazendo dançar

---

[106] Eduardo López Chavarri, *Música popular española*, cit., p. 87. Em nota de pé de página, o autor lembra que Encina foi sempre valido da Igreja, apesar de não ordenado *in sacris*, e a Inquisição só proibiu uma égloga sua — a *Farsa de Placidia e Vittoriano*, representada perante o papa em 1513 — muito mais tarde, em 1559, já depois da sua morte.

nelas *seguidillas* e fandangos, ressalva o mesmo Chavarri: "No entanto, os músicos dedicados a tal mister não renunciavam a demonstrar seus conhecimentos, quando os possuíam, o que leva essas divertidas farsas a começar por um coro de quatro vozes (e daí o nome '*cuatro de empezar*'), aparecendo novo coro pelo meio e ainda outro no final, como despedida, embora logo substituído por danças e canções (salvo o '*cuatro primero*'), que permitiram conservar uma amostragem da música realmente espanhola".[107]

Era isso o que, infelizmente para os pósteros, impediria saber como soavam, na realidade, os novos "tonos ao humano" ou "ao amoroso", que surgiam criticados pelos moralistas e religiosos como "cantigas desonestas", ou ainda aqueles "cantarcillos" que — no dizer de D. Francisco Asenjo Barbieri no seu comentário às músicas do *Cancionero de palacio* (*Cancionero musical de los siglos XV y XVI*) — "a não estarem harmonizadas artisticamente a três ou quatro vozes, poderiam apresentar-se como pura expressão da musa popular".

E isso embora, tal como adiante dá a saber o próprio Barbieri, esse disfarce erudito não conseguisse esconder a influência do povo, pois

> "quando todos os compositores da Europa procuravam fazer gala dos primores do contraponto em suas obras, com desprezo quase absoluto pelo sentido da letra, encontramos aqui muitas composições nas quais a música se subordina de maneira notável à poesia. E neste ponto Juan del Encina paira a grande altura, merecendo as suas obras particular estudo, pois algumas delas parecem tão à frente de seu tempo que se diria escritas no presente."[108]

---

[107] Eduardo López Chavarri, *op. cit.*, p. 89.

[108] D. Francisco Asenjo Barbieri, *Cancionero musical de los siglos XV y XVI*, Madri, Tipografía de Huérfanos, 1890.

É de supor-se, pois, que se esse teatro organizado de forma a atender ao gosto do público urbano ainda barrava a exibição da real música do povo nos palcos do século XVII, o mesmo não ocorreria com os grupos formados por artistas ambulantes herdeiros do funambulismo medieval que os espanhóis iam espalhar pela Europa, e em Portugal teriam que concorrer com aqueles coprantes munidos apenas de "uma canastra com roupas e cortinas". Gente livre que às vezes "representava em casas particulares as comédias de seu repertório, a troco de alguns cruzados".[109]

A circunstância feliz de um autor quinhentista de farsas ao gosto popular ter aproveitado exatamente esse fenômeno para uma de suas peças — Antônio Ribeiro Chiado no *Auto da natural invenção*, representado perante D. João II entre 1545 e 1557 — permitiria identificar com precisão a origem social dos cantores-músicos recrutados pelos "autores" de tais grupos. No caso deste auto, em particular, essa figura do músico era representada nada menos que por um negro, para espanto do dono da casa que o desafia a tocar discante (espécie de machete), e fica sabendo que o negro vai além, e toca viola. E para mostrar o quanto foi boa a impressão deixada pelo músico negro do povo, basta a conclusão do dono da casa, que confessava (apesar do preconceito implícito na fala): "Autor, comece a vir;/ bem se pode o negro ouvir,/ inda que cante às escuras".[110]

---

[109] As frases entre aspas são respectivamente de Gustavo de Matos Sequeira em seu *Teatro de outros tempos* (Lisboa, 1933, p. 80), e de Luiz Francisco Rebelo na *História do teatro português* (Lisboa, Publicações Europa-América, 1972, 2ª ed., p. 42), dois dos poucos autores a chamar a atenção para um fenômeno tão particular do teatro popular da segunda metade do século XVI, apesar de referido por Camões em seu drama *El-Rei Seleuco* (escrito entre 1543 e 1549), e transformado no próprio tema do *Auto da natural invenção* de Antônio Ribeiro Chiado.

[110] Antônio Ribeiro Chiado, *Auto da natural invenção*, em *Teatro de Antônio Ribeiro Chiado*, Porto, Lello & Irmão Editor, 1994, p. 55.

A julgar por informações colhidas principalmente na história do teatro, essa tendência para a organização do lazer urbano segundo dois modelos — um do que viria a ser o das salas de teatro, com palco e recursos cênicos, destinado à classe burguesa, outro popular, ambulante ou mambembe (como se diz no Brasil), para exibição plebeia nas praças e nas feiras — ia acentuar-se até fins do século XVI, para tornar-se característica do século seguinte.

Na França, por exemplo, ao lado do teatro dos Confrères de la Passion, que gozaria do favor oficial para representação de textos sacros até 1548, quando passa aos *"mystères profanes"* (que na verdade eram farsas), existiam os numerosos *trétaux* ou grupos de quase saltimbancos, que armavam seus tablados pelas praças sobre cavaletes portáteis (o *treteau* derivado da viga latina, *transtum*).

Na Inglaterra, os herdeiros das representações em pátios de albergues coexistiam com as representações autorizadas pela rainha Isabel a James Burbage, no teatro de madeira construído em 1576 em área de antigo convento.

Na Itália, é do próprio meio dos artistas de feira que a *Commedia dell'arte* trará a novidade da comédia improvisada, criadora de tipos como o *Dottore* charlatão, o marido enganado *Pantalone*, o criado tapado *Brighella* ou *Meneghino* (que casava com a *Pulcinella*), o criado astuto *Arlecchino* e a famosa *Colombina*. Um teatro de inspiração popular destinado, aliás, a entrar em choque em Paris com os Confrères de la Passion e a influenciar Molière.

E assim foi que, quando na Espanha (onde, tal como na França, existia também uma Confraria da Paixão), a Confraria da Soledad começa a instalar pátios em vários pontos de Madri (inclusive com um cercado de grades reservado às mulheres, a *cazuela* ou *gaula*), ao lado dos dois teatros existentes em 1562, quando nasce Lope de Vega, até os quarenta existentes na cidade à sua morte, em 1635, não serão de contar os grupos populares de mambembes que se aventuravam, inclusive, fora do país, à sombra do prestígio das companhias maiores de *mogiganga* ou *cambaléo* representantes do teatro espanhol do Século de Ouro. Claro está que, conforme sua ligação com tais grupos — o dos pátios portugueses, *corrales* espanhóis, dos *vaux-halls* ingleses ou das salas em geral, ou o dos populares *trétaux* franceses e coprantes portugueses — os instrumentistas e cantores haveriam de produzir um tipo de som diferente, mesmo quando os gêneros de música em voga fossem os mesmos. Alheia às regras de escola (que os músicos do teatro dirigido às camadas burguesas das cidades eram levados a respeitar, por sua afinidade com a arte culta), a música dos tocadores de rua devia, pois, aparentar-se bem mais com a produzida pelos cegos cantadores de romances e demais amadores, como os barbeiros descritos por Cervantes e tantos outros autores de novelas picarescas.

Essa conclusão derivada de informações colhidas na literatura se evidencia ao lembrar-se que, pela mesma época em que o autor de *D. Quixote de la Mancha*, de 1605, fazia seu personagem sonhar (quase ao final de suas aventuras) em tornar-se pastor, certo de não lhe faltarem companheiros músicos porque, tal como o barbeiro Nicolás, "*todos, o los más, son guitarristas y copleros*",[111] em seu algo autobiográfico *Vida del escudero Marcos de Obregón*, de 1618, o músico e poeta Vicente Espinel (1544--1634) também descrevia um "modesto barbeiro de boa voz e garganta", que, sentado sob um "umbral, cantava algumas *tonadillas*". E escolhendo o tom de ironia para a descrição, indicava claramente o movimento de suas mãos aplicadas ao toque rasgado, ao dizer que o moço barbeiro tocava como quem se coçasse: "O rapazinho tocava sempre a guitarra, não tanto para mostrar

---

[111] Miguel de Cervantes, *D. Quijote de la Mancha*, Barcelona, Editorial Juventud, 1950 (2ª edição da versão com texto preparado e anotado por Martín de Riquer, seguindo para a primeira parte a 1ª edição de Madri, 1605, e para a segunda parte a de 1615), p. 1.068.

que o sabia, mas para coçar-se com o movimento das munhecas cheias de sarna de cão".[112]

E ainda Miguel de Cervantes, em entremez de 1611 intitulado "De la guardia cuidadosa", fazia terminar o episódio da disputa entre um soldado e um ajudante de sacristão pelo amor da bela criada Cristina, fazendo o Amo dizer satisfeito com a solução do problema pelo casamento da moça com seu escolhido: "Amo. Pois chamem os oficiais de barbeiro meu vizinho, para com suas guitarras e vozes começarmos a comemorar o desposório cantando e dançando; e o senhor soldado será meu convidado".[113]

Era a evidente confirmação da atividade complementar dos barbeiros como fornecedores de música para ocasiões festivas na área popular. E, por sinal, o entremez termina com uma glosa em estâncias de doze aos dizeres do rifão com que o soldado se dá por vencido na competição amorosa: *"Que donde hay fuerza de hecho/ Se pierde qualquier derecho"*.[114]

O aumento do número dos interessados na produção desse tipo de música destinada ao lazer das camadas baixas da cidade — e que eram principalmente os editores de folhetos de cordel e os cegos cantadores — deveu-se realmente ao aparecimento de um tipo de comércio até então desconhecido: a compra de composições poético-musicais, como foram inicialmente os romances e, logo depois, as glosas e xácaras tão divulgadas também pelo teatro.

---

[112] Vicente Espinel, *La vida del escudero Marco de Obregón*, Madri, Castalia, 2000, vol. I, p. 99.

[113] Miguel de Cervantes, *Entremeses*, edição cuidadosamente revisada por Luis Carlos Viada y Lluch, Barcelona, Editorial Ibérica/J. Pugés, 1914, p. 81. A datação do entremez *De la Guardia Cuidadosa* resulta da carta lida pelo personagem Amo incluir a indicação: *"firmada de mi nombre, en el cimenterio de San Andrés, a seis de mayo deeste presente ano de mil e seiscentos y once"* (*op. cit.*, p. 79).

[114] Miguel de Cervantes, *Entremés de la Guardia Cuidadosa*, em *Entremeses*, cit., p. 81.

Uma das informações mais recuadas da existência desse comércio é fornecida pelo personagem Cariófilo, da *Comédia Eufrosina*, de Jorge Ferreira de Vasconcelos, de 1555, ao sugerir ao amigo Zelotipo, que lhe recitara os versos de um chiste de sua autoria:

"... Mas dar-vos-ei um remédio para segurar vossa mercadoria [a produção de versos]. I-vos a Castela e deixai Portugal aos Castelhanos pois se lhes dá bem. Poreis tenda em Medina del Campo, e ganhareis o vosso pão peado, em grosar Romances Velhos que são aprazíveis, e por-lhe-eis por título *Glosa famosa de un formoso e nuevo autor, sobre 'mal ouvistes los franceses la caça de Roncesvalles'*."[115]

Como, porém, já em sua anterior *Comédia Ulissipo*, de 1554, fizera seu chocarreiro personagem Parasito invectivar "os que glosam os mofentos Retraída está lá Infanta e Para que pariste madre"[116] (assim demonstrando o cansaço da fórmula das glosas a romances velhos), Ferreira de Vasconcelos levava agora na *Comédia Eufrosina* seu personagem a acrescentar ao amigo a advertência de que se apressasse, se pretendia ganhar alguma coisa com seus versos, pois podia acontecer que na Espanha já andasse mal o negócio como acontecia em Portugal, pela concorrência banalizante dos chocarreiros: "Mas hei-vos medo que ande já

---

[115] Jorge Fernandes Vasconcelos, *Comedia Eufrosina*, texto da edição príncipes de 1555 com as variantes de 1565 e 1566, edição, prólogo e notas de Eduardo Asencio, Madri, 1951, p. 180. Na cidade de Medina del Campo havia nos meados de século XVI uma das mais movimentadas feiras de Castela, com intensa vida popular, o que justifica o conselho de Cariófilo ao amigo Zelotipo.

[116] Jorge Ferreira de Vasconcelos, *Comedia Ulissipo*, Lisboa, Oficina da Academia Real das Ciências, 1777, 3ª ed., cena VI do 3º ato.

lá o trato danado como cá; onde vos logo acodem estes discretos escoimados, que não medram já chocarreiros".[117]

Tal negócio de glosas devia estar realmente "danado" pela segunda metade dos Quinhentos porque, como observaria logo adiante Andrade, criado do enamorado Zelotipo, era o escudeiro Cariófilo quem estava certo:

> "Já meu amo torna aos seus sentimentos, e o Cariófilo tem razão, que por todas suas trovas não darei meio real. Ter-me-ia eu antes a saber notar petições, e quanto menos a fazer cartas mandadeiras, como aqueles do terreiro do leilão, que he dinheiro de cada dia".[118]

A referência do criado Andrade aos que "no terreiro do leilão" escreviam petições e "cartas mandadeiras" buscava a ironia pelo contraste entre o escrevedor sem vantagem de versos amorosos, e os escrevinhadores da Praça do Pelourinho Velho, que prosaica mas seguramente ganhavam seu dinheirinho a redigir por encomenda de analfabetos, "recebendo a paga conforme o assunto", como informa Damião de Góis na sua *Descrição de Lisboa*.

Apesar do ceticismo do autor da *Comédia Eufrosina*, a verdade é que, ao menos na Espanha, onde realmente o comércio de folhetos de cordel foi sempre mais ativo, a produção de versos para serem cantados continuava a interessar principalmente aos cegos vendedores dos *pliegos*, como ainda em 1741 apareceria na comédia-zarzuela *El asombro de Juez, Juana la Rabicortona*, de Cañizares (1676-1750), citada por Julio Baroja em "Teatro popular y magia". Na cena em que Henrique, filho da Rabicortona, canta acompanhando-se à guitarra, seu criado Farfulla comenta, referindo-se a "tonada de seu amo":

---

[117] Jorge Ferreira de Vasconcelos, *Comedia Eufrosina*, cit., p. 180.

[118] Jorge Ferreira de Vasconcelos, *Comedia Eufrosina*, cit., p. 181.

> ... *Es un perdido;*
> *pudiera ya con los ciegos*
> *haver ganado infinito*
> *à Xácaras, que las pagan*
> *a ocho reales y quartillo,*
> *y no quiere.*[119]

Tudo levava a crer, pois, constituir já coisa comum desde o século XVII o ato de cantar melodias em versos ao som de instrumento de cordas, não mais preso ao aleatório das improvisações, mas de alguma forma estabelecendo uma relação entre palavras do canto e acompanhamento. Era o nascimento da canção popular moderna, logo transformada pelo talento de Monteverdi no recitativo melódico, que unia também no plano erudito palavra e música, no melhor estilo do cantar romance popular. Uma afinidade tão evidente que, já de sua segunda ópera, *Ariana*, de 1608, surgiria com a ária "Lamento" a primeira contribuição de um autor conhecido à música popular, no campo da canção, como reconheceria, em *Uma nova história da música*, o erudito Otto Maria Carpeaux:

> "Da segunda ópera de Monteverdi, *Ariana* (1608), perdeu-se a partitura; só possuímos uma ária: o célebre 'Lamento' ('*Lasciatemi morire...*'), que pertence ao repertório de todas as cantoras (e cantores) de concerto; salvou-se porque foi durante toda a primeira metade do século XVII a melodia mais cantada na Itália, nas cortes, nos salões, nas tabernas, nas ruas, assim como hoje um 'sucesso' de música popular."[120]

---

[119] *Apud* Julio Caro Baroja, "Teatro popular y magia", *Revista de Occidente*, Madri, s/d [1974], p. 215.

[120] Otto Maria Carpeaux, *Uma nova história da música*, Rio de Janeiro, Alhambra, 1977, 3ª ed., p. 42.

14.
"VERÁS COMO CANTO SOLO" (GIL VICENTE)

A possibilidade de qualquer pessoa poder recrear-se cantando, solitariamente, versos líricos-amorosos — no Renascimento finalmente oferecida ao individualismo da gente das cidades pela monodia das trovas ou glosas do cantar romance — fora anunciada em círculo mais restrito pela canção dos trovadores, desde pelo menos o século XIII.

Tal tendência a oferecer *solatz* (termo provençal vindo do *solacium* ou *solatium* latinos para alívio, conforto ou consolação, que ainda dariam o solás português e os *solacier* francês), já constituíra o resultado de uma nova atitude social, representada pelo costume da troca de visitas entre cortesãos, que anunciava a cortesia originadora da polidez e da galanteria.

Realmente, pela segunda metade do século XII, terminada a luta contra os bárbaros, que valorizara as ações cavaleirescas invocadas nas canções de gesta, a vida social da nobreza, organizando-se à volta dos grandes senhores nos castelos, criaria um sistema de relações pessoais destinado a conduzir a intrigas amorosas logo erigidas em tema de trovadores.

O espírito rude da aristocracia guerreira, origem dessa nobreza, porém, faria com que tal caminho dos cantares de *"fecho d'armas"* de inícios do século XII, até as delicadas trovas amorosas dos séculos XIII-XIV, passassem, pelo menos, por três fases: a dos versos licenciosos e mesmo obscenos do tempo do Duque de Aquitânia (que, em versos escritos entre 1100 e 1127, dava como inútil prender as mulheres, porque elas trairiam com os guardas); o da busca do "amor verdadeiro" (mesmo às vezes tendo que fugir nu, para não apanhar do marido, como aconteceu com Jaufré Rudell) até, finalmente, a do espiritualismo platônico-amoroso de Afonso X, o Sábio (1252-1281), das *Cantigas de Sta. Maria*.

Assim, pelo século XIII, a espiritualidade algo dúbia que escondia o desejo pela mulher por trás da louvação às virtudes e belezas virginais, caminha francamente para a mensagem amorosa direta (às vezes até responsabilizando Deus pelos desastres do amor), sob a forma de versos cujo cantar a sós, por pura satisfação pessoal, ninguém poderia já proibir ou censurar. E era isso, pelo menos, o que exatamente por meados do século XIII o trovador Robert de Blois defendia, ao incluir nos seus *Chastoiement des dames*, entre outros conselhos de bom comportamento feminino, a permissão de cantar:

> *Se vos avés bon estrument*
> *De chanter, chantés baudement;*
> *Bien chanter, en leu et en tems*
> *Est une chose moult plaisant.*

E, ao estabelecer apenas como ressalva que se evitasse o exagero (*"Mais sachiés que par trop chanter/ Puet on bien tel chant aviler"*), não via o que censurar quando a mulher cantasse a sós:

> *Por vos meïsmes solacier*
> *Quant vos estes priveement*
> *Le chanter pas ne vos deffent!*[121]

A ideia de "dar solás", com o sentido de oferecer diversão às pessoas através de canto e poesia, assim posta em prática pelos trovadores no âmbito restrito dos paços e cortes palacianos,

---

[121] *Apud* Théodore Gérold em sua citação dos versos de Robert de Blois reproduzidos na *Chrestomathie*, 2ª edição, peça 55, *in La musique au Moyen Âge*, cit., pp. 362-3.

deixaria no século seguinte de constituir privilégio da nobreza: agora, também a gente das camadas mais amplas das cidades encontrava quem produzisse cantares pensando na sua diversão. Em verdade, o que até meados do século XIV constituíra atividade de anônimos jograis e músicos de rua, passava a contar com o concurso de poetas compositores como o padre *"trotaconventos"* (*"solás de mucho plaser é falaguero jugar:/ todo es en las monjas más qu'en otro lugar"*) Juan Ruiz, o Arcipreste de Hita, que, ao contrário do latinório dos antigos padres goliardos, usava em 1343 o ritmo do castelhano falado para compor cantares destinados a cegos folheteiros, sem preocupação com *"sílabas cuntadas"*. E tudo para — como senhor de *"todas juglarías"* — *"dar solás"* a seus ouvintes e leitores como estavam destinados a fazer no futuro os artistas da era da música de massa:

*Señores, hevos servido con poca sabidoría,
para vos dar solás a todos fabléivos en jograría.*[122]

O cantar "priveement", numa época em que as pessoas ainda se dissolviam na comunidade — na Igreja formando o "povo de Deus", nos castelos participando de uma classe determinada pela hierarquia dos títulos de nobreza e, entre as camadas urbanas, compondo corporações de ofícios —, revelava-se em verdade uma concessão ao indivíduo. Um privilégio que lhe permitia destacar-se por um momento do todo, para o puro gozo de um novo solás pessoal, particular. E isso constituía, realmente, algo até então impensado, ante a tradição do uníssono do canto litúrgico, a tendência para a divisão das vozes paralelas no cantar

---

[122] Juan Ruiz, Arcipreste de Hita, na sua justificação intitulada *De como dize el Arcipreste que se ha de entender su libro*, em que, aliás, declara expressamente a data em que escrevia: "*Era de mil e trescientos e ochenta é u años/ fue compuesto el romance*" (1381 da Era Hispânica ou de Cesar equivalia a 1343 do calendário atual).

profano dos trovadores e a natural vocação do povo rural para o canto coletivo, tanto em suas festas como durante o trabalho.

Não é de estranhar, pois, que com o advento de uma nova era histórica, a partir de 1500, não apenas o canto solo se tornasse um símbolo do individualismo burguês que surgia, mas que o próprio nome para designar a novidade viesse a ser cunhado em Portugal, o país responsável pelo alargamento das fronteiras geográficas do Renascimento. E, de fato, é o criador do teatro português, Gil Vicente, quem, ao divertir em Almeirim a corte do rei D. Manuel com seu *Auto da fé*, faz com que dois pastores se deslumbrem com o fausto das matinas do Natal de 1510, levando um deles, Benito, a dizer quando a Fé o convida a cantar com seu colega Brás o nascimento de Cristo:

> *Verás como canto solo.*
> *Ño ño ño ño ño ño*
> *ño ño ño*
> *que no, que ño*
> *que ño quiero estar em casa;*
> *no me pagan mi soldada*
> *ño ño ño, que ño que ño.*
> *No me pagan mi soldada*
> *no tengo sayo ni saya*
> *ño ño ño, que ño que ño.*[123]

Apesar de não repetida pelo próprio Gil Vicente em relação a personagens postos em situação semelhante em seus futuros autos — embora em vários deles deixando clara a indicação: "Canta Cassandra", no *Auto da Sibila Cassandra*, de 1512; "Canta a Moça" ou "Vai-se a Alcoviteira e fica o Velho tangendo e cantando a cantiga seguinte" e "Enquanto a Alcoviteira vai, o Ve-

---

[123] Gil Vicente, *Auto da fé*, in *Copilaçam de todalas obras de Gil Vicente*, Lisboa, Imprensa Nacional/Casa da Moeda, s/d [1983], vol. I, p. 80.

As origens da canção urbana

lho torna a prosseguir seu cantar e tanger e, acabado, torna ela e diz", no *Auto do Velho da Horta*, também de 1512; ou ainda "Canta e tange Dario Ledo", na *Comédia de Rubena*, de 1521 — a expressão não se perderia. Passado um século, ressurgiria no Brasil já sintetizada no substantivo solo, nos versos em que o poeta satírico Gregório de Matos Guerra reclamava, em meados de Seiscentos, da insistência dos companheiros de função em entoar apenas cantigas, em detrimento da música de dança:

> Cantou-se galhardamente
> tais solos que eu disse, ô
> que canta o pássaro só,
> e o mais gritam na semente.[124]

Esse cantar solo, ao fazer realmente parecer o intérprete um pássaro que canta só, projetava através dessa singularidade a ideia de um individualismo a tal ponto oposto ao cantar coletivo, ainda tão comum no século XVI, que em sua *Prática de oito figuras*, de 1543, Antônio Ribeiro Chiado criaria uma alternativa para a expressão do seu contemporâneo Gil Vicente, através da transformação, em substantivo, do advérbio vicentino. Decidido a mostrar ao convidado Rocha as qualidades de cantor à guitarra de seu criado Paiva, como espécie de sobremesa após a consoada, o fidalgo Gama antecipa ao amigo; "O meu moço tem falinha para só".[125]

---

[124] Gregório de Matos Guerra, "Segunda função que teve com alguns sujeytos na roça de um amigo junto ao dique", *in Obras completas de Gregório de Matos*, Salvador, Editora Janaína, 1969, vol. III, p. 591 (edição em sete volumes com base na recompilação promovida pelo contemporâneo do poeta, licenciado Manuel Pereira Rabello, conforme códice doado na Espanha ao professor brasileiro Celso Cunha em 1962).

[125] Antônio Ribeiro Chiado, *Prática de oito figuras*, Lisboa, O Mundo do Livro, 1961, edição em fac-símile do folheto do século XVI do acervo da Biblioteca Nacional de Lisboa.

Tal como se depreende, o fidalgo não apenas elogiava os dotes vocais do criado — que em seguida cantaria um "chiste a uma guitarra" —, mas afirmava ser ele digno de ouvir-se dentro do estilo de interpretação representado pela novidade do canto solo acompanhado.

As diferenças na forma de expressar tal novidade, devidas à natural indecisão na busca de um indicativo capaz de fixar a imagem de alguém a cantar individualmente, acompanhando-se com um instrumento, o que até então faltava ao vocabulário português, levariam a outro problema ideo-lexicográfico: como denominar com uma palavra a pessoa que, sobre cantar solo, o fazia a pura voz, sem acompanhamento musical de qualquer instrumento?

As velhas cantigas de embalar sempre se soube que eram cantadas com voz velada por mães e amas, ficando subentendido que em tal tipo de canto não entraria (nem teria cabimento) o concurso de um instrumento musical. Isso, porém, não ficava expresso nas palavras inventadas para designar tal peculiaridade fundamental daquela forma de canto, apesar da beleza expressiva obtida pelos nomes em várias línguas: acalanto, *berceuse*, *ninna--nanna*, *lulaby*. Apenas em alemão a busca da precisão se imporia à intenção de expressividade, pois, ao lado da rasteira canção de berço — *Wiegelied* — se criaram os sinônimos oriundos do radical latino do advérbio *solum*, e que viriam formar os impecáveis *Sollostimme* e *Sollostück*.

Assim, quando buscar solás no cantar a solo precisou de uma palavra para expressar tal ato ao usar-se apenas a voz, em lugar de uma solução lexicográfica surgiu um problema etimológico, centrado na necessidade de decifrar o que se queria dizer, no século XVI, com a expressão "cantar de solau".

15.
CANTAR DE SOLAU: UMA FORMA DE CANTAR

O sentido da expressão "cantar de solau" transformou-se em problema para etimologistas — e consequentemente para dicionaristas — a partir de dúvidas sobre como interpretar a verdadeira indicação de cena (em tudo semelhante às dos textos de teatro) aposta por Bernardim Ribeiro a certa altura de sua novela bucólica *Menina e moça*, de 1554:

> "... e começou ella entam contra a menina que estava pensando cantarlhe um cantar a maneira, de solam que era o que naquelle tempo e partes nas coisas tristes se costumava e dezia assi..."

Para começar, ao sair em 1557 em Burgos a segunda edição dessa *História de Menina e moça*, o responsável pela preparação do texto não apenas "completou" a 1ª edição de Ferrara com 41 novos capítulos, além dos dezessete da primitiva segunda parte, mas atreveu-se a "correções" (como ao substituir "solam" por "solau"), e a acréscimos como o que "completa" a frase: "arribou a fresta e já estavam nela quando a Ama começara a cantar", com o aditamento: "e já estava nela quando começara o solao".

Ora, mesmo sem discutir a substituição de "solam" por "solao" — quando em seu *Elucidário de palavras, termos e frases que em Portugal antigamente se usaram*, de 1798-1799, Frei Joaquim de Santa Rosa de Viterbo registra o termo solam para designar "prazer, alívio, consolação, refrigério", o que o faria sinônimo de solás (incluindo ainda a variante *solám* no seu *Dicionário portátil*) —, não há como deixar de estranhar o "começara o solao" do acréscimo. E isso pela boa razão de, no primeiro texto de Bernardim Ribeiro, estar escrito que a Ama cantara "contra a menina que estava pensando" não um solam, mas "um cantar à maneira de" — fosse de *solam*, fosse de *solau*.

Realmente, o cantar à maneira de, reforçado pela explicação do autor de que tal maneira era "o que naquele tempo e partes nas coisas tristes se costumava", só poderia indicar uma forma de cantar que, no caso, era a que melhor cabia na cena descrita. Nos antecedentes do episódio, aliás, Bernardim Ribeiro deixa isso claro: resolvida a proteger a infeliz moça Aonia, de treze ou catorze anos, encontrada à margem de um ribeiro, a Ama percebe certa noite estar a menina apaixonada. Então, para afastar um mau pressentimento ("como pessoa agastada de alguma nova dor"), resolve cantar-lhe como de costume ("como soía"), mas nessa noite de maior tristeza assumindo o tom condizente do cantar "à maneira de solau".

Segundo os estudiosos da obra de Bernardim Ribeiro, a história de *Menina e moça* deve ter sido escrita entre 1534 e 1540 (o que a descoberta por Eugenio Asensio de uma cópia manuscrita da obra, de 1545, parece confirmar), exatamente pela mesma época em que Jorge Ferreira de Vasconcelos também escrevia a sua *Comédia Eufrosina*, destinada a ser impressa um ano depois da novela bernardina, em 1555. Pois nessa peça ambientada em Coimbra, a alcoviteira Philtra, ao elogiar ante o escudeiro Cariófilo as virtudes da moça que — dizia — "tenho a meu mandar", afirmava ter ela "voz que vos matará, se lhe ouvirdes um romance de solao". Claro está, o que a colega portuguesa da Celestina espanhola queria dizer é que o jovem escudeiro ficaria encantado se ouvisse sua protegida a cantar "de solao", com sua bela voz, um romance daqueles que sabemos sempre cantado a solo, por força de sua origem no canto narrativo. E a confirmação, aliás, viria logo adiante, na segunda cena do terceiro ato da comédia, quando Cariófilo, descrevendo o novo tipo de moça que surgia então nos meios populares das cidades, citava a lavrandeira ou bordadeira, que — anotava — "fala frautado e põe sinal postiço, canta de solao, inventa cantigas e dá ceitis para cerejas a meninos de escola que lhe leiam autos...".[126]

Se alguma dúvida ainda restasse de que cantar de solau era uma determinada maneira de cantar, e não um gênero de cantiga, como se passaria a aceitar — em definição para *solau* que até hoje os dicionários de língua portuguesa acolhem como correta — seria o próprio Ferreira de Vasconcelos quem o ratificaria em comédia posterior, escrita entre 1548 e 1554, embora só publicada em 1619. Nessa nova peça, *Aulegrafia*, ambientada na Lisboa de fins do reinado de D. Duarte († 1540), e que pretendia constituir o "rascunho da vida cortesã", o Autor Momo via com susto o aparecimento de tantas novidades, e lembrava, por contraste, os bons tempos do rei D. Manuel, em que a maior diversão da nobreza era comparecer ao paço, à noite, para a prazeirosa conversa dos serões. E isso dizia o próprio autor, entre outras coisas recordando ao público:

> "Que os moços de esporas, que soíam cantar de solao a vezes: quebra coração, que não és de pedra, e outros do teor, enquanto os amos estavam no serão, sem cuidado de má ventura, agora fazem consulta ante [moo] de cavalos sobre as premáticas do Reino, e desaprovão o tolher-se-lhe seda, porque se perderão os chapéus de feltro."[127]

Ora, como se vê, o que Ferreira de Vasconcelos — na verdade ele mesmo o "velho sengo", ou sábio, representado no Au-

---

[126] Jorge Ferreira de Vasconcelos, *Comédia Eufrosina*, cit., p. 189. A edição de 1566 da obra registraria neste ponto uma variante que só retifica a fala anterior no que se refere ao ato de cantar de solau, pois Cariófilo diz que tal moça típica "canta de solao, inventa cantigas e perde-se por decorar trovas...".

[127] Jorge Ferreira de Vasconcelos, *Comédia Aulegrafia*, Porto, Porto Editora, s/d, p. 26.

tor Momo — criticava no prólogo era o fato de os cavalariços do tempo se empenharem atrevidamente em discutir a proibição do uso de sedas pelos subalternos, quando seus iguais dos primeiros anos dos 1500, enquanto cuidavam dos cavalos, o que costumavam fazer era, despreocupadamente, cantar às vezes de solau alguma cantiga em voga, como aquela do "quebra coração, que não és de pedra".

Ficava claro, pois, que "de solau" era maneira pela qual os moços de espora dos tempos de D. Manuel cantavam durante o serviço não apenas cantigas como a do "quebra coração", mas "outras do teor". Ora, como em todos os exemplos coincide a circunstância de se referirem a um cantar individual, sem citação de qualquer instrumento musical — o que a própria cena do cantor solo da Ama na alta câmara, ouvido às escondidas pelo namorado da moça, ou o ambiente do cantar em meio a cavalos não autoriza admitir — a conclusão só pode ser uma: cantar de solau era cantar a solo, sem acompanhamento de música.

Sem se preocupar com qualquer análise baseada em informações do tempo, mas com certeira intuição, era também de certa forma essa a conclusão a que chegaria Teófilo Braga, ao esboçar a sua classificação das várias formas de canção em sua *História da poesia popular portuguesa*, de 1867: "1º Monodia: Canção a uma só voz ou Soláo: Canção feminina; Declaração de amor. — *Gabs*, Vanto ou Basófias de namorados, tais como as Pastorelas, as Vilanelas, as Villoti, Frulane, Muiñeiras etc.".[128]

Embora apontando solau como gênero, e não maneira de cantar (sem atentar para que o cantar a uma só voz era acompanhado, no caso, da circunstância de ser a pura voz), ainda assim Teófilo Braga aproximava-se mais da verdade do que a por tantos títulos respeitável estudiosa Carolina Michaëlis de Vasconcelos. Esta, em seu *Romances velhos em Portugal*, após comparar

---

[128] Teófilo Braga, *História da poesia popular portuguesa*, Lisboa, Miguel Gomes Editor, 1902, pp. 408-9.

o canto *ad una voce* da Ama ao "das mulheres do campo, quando, sentadas ao sol diante de suas casas, folgam ou se ocupam de tarefas femininas", abria nota ao pé da página para esse devaneio etimológico: "Ainda assim direi que me inclino hoje a equiparar *solao* ao vocábulo galego *solano* ou *solana*, sinônimo de *so(a)lheiro* (e como este derivado de sol)". Ao que rematava adiante:

> "A locução *cantar de solao*, empregada por Jorge Ferreira de Vasconcelos, com relação aos moços de espora que *antre mó de cavalos* se entretinham cantando, enquanto os amos estavam no serão (*Aulegrafia*, f. 2º), mostra que em sentido lato *de solao* significava ao ar livre."[129]

O curioso, no caso, é que Carolina Michaëlis — normalmente tão atenta a pormenores — abria a sua nota explicativa ao leitor exatamente na parte em que comentava, na *Menina e moça*, "aquele singular e afamado cantar *à maneira de solao*" do "Pensando vos estou, filha", que na novela não acontece ao ar livre, e muito menos ao soalheiro, mas bem ao contrário, à noite ("veio-se a noite daquele dia mais cedo para Aonia"), quando então sobrevém o "cantar à maneira de solau", com a Ama e Aonia já recolhidas "àquela câmara da fresta onde dormiam".[130]

Ao que tudo indica, pois, a dicionarização da palavra *solau* como "antiga composição lírica", ou "romance lírico, geralmente em versos, acompanhado por música de tom geralmente triste como a letra" — esquecendo-se que qualquer romance ou canti-

---

[129] Carolina Michaëlis de Vasconcelos, *Romances velhos em Portugal*, Coimbra, Imprensa da Universidade, 1934, nota ao pé das pp. 229-30.

[130] Citação conforme a edição de *Menina e moça* pela Publicações Europa-América, s/d, p. 103. Edição baseada, conforme declaração expressa, no "texto integral da edição de Ferrara", modernizada por Maria de Lourdes Saraiva a partir da edição preparada e revista por Anselmo Braancamp Ferreira, 2ª ed., Coimbra, 1932.

ga podia ser cantada de solau — surgiu da ligação ideológica entre o clima de melancolia do canto sem acompanhamento, e o ato particular de assim cantar. E, muito curiosamente, tal substantivação do que é circunstância no ato de cantar se deu ainda no século XVI, pois em mais de uma de suas éclogas, o poeta Sá de Miranda (1485-1558) empregaria a palavra solau para exprimir situações em que o canto servia a versos inspirados por mágoas de amor. E, realmente, depois de na "Égloga Basto" (talvez de 1536) comparar a um solau a tristeza do som que o vento tirava das canas — "Mais leves que ao vento canas,/Cantando dos seus solaus" — o poeta faria o pastor Gonçalo dizer, em seu cantar em oitava rima nos versos dos "Pastores da écloga":

E se nos velhos Soláos há verdade,
Bem sabe ela por prova como Amor
Magôa, e haverá de mim piedade.[131]

Consignado o equívoco com a entrada da palavra solau nos dicionários para designar um gênero de canção a solo — em lugar de locução indicativa de forma de cantar qualquer cantiga a pura voz ou sem acompanhamento —, poderia o polígrafo Teófilo Braga justificar em 1914 a escolha feita no século XVI do nome "Soláo" até para o título de elegia: "D. Manuel de Portu-

---

[131] Os versos de Sá de Miranda aparecem reproduzidos quase sempre com muitas variantes, conforme suas diversas edições. A presente citação segue a versão do volume *Poesia de Sá de Miranda* da série Textos Literários; da Editora Comunicação, de Lisboa; mas a mesma écloga reproduzida, por exemplo, na *História da literatura portuguesa* de Mendes dos Remédios (Lisboa, Lumen, 1921) tem em lugar de "Mais leves que o vento canas,/ Cantando dos seus solaus" os versos: "... Guiomar nem Ana/ Não dão volta por aqui./ Cantando-se a muliana/ Com dos outros seus solaus". E ainda para o verso "E se nos velhos Soláos há verdade", existe a variante: "Que se os velhos Soláos falam verdade". As diferenças, no entanto, não alteram a significação de cantar triste que o poeta atribuía à palavra "solau".

gal (1520-1608) deu o nome de *Soláo* a uma elegia em tercetos, talvez pelo seu caráter triste, como preconizou Garrett".[132] E, assim, como a lição de Teófilo Braga saía no volume "Renascença" de sua *História da literatura portuguesa*, ficava afinal consagrado, *ex-auctoritate*, o erro ao qual — como ele mesmo indicava — o poeta Almeida Garrett também já emprestara antes a aura interpretativa do romantismo.

---

[132] Teófilo Braga, *História da literatura portuguesa*, vol. II — *Renascença*, Porto, Livraria Chardron de Lello & Irmão, 1914, pp. 201-2.

16.
AS "CANTIGAS DO DESERTO":
"ADEUS CORTE, ADEUS CIDADE"

O estabelecimento, pelos fazedores de música das cidades, da tendência para a produção de um tipo de canção que, a partir da monodia dos romances, permitia a busca de entretenimento pessoal — cantando alguém para si mesmo, acompanhando-se à viola, ou até a pura voz, de solau —, daria início a uma linha temática que tornava o indivíduo o personagem central das letras.

Com efeito, para exemplificar este filão temático marcado pela recorrência contínua ao eu do poeta nos versos, surgiria no século XVIII em Portugal o ciclo das chamadas "cantigas em despedidas da Corte para o deserto": o lamento poético, sempre na primeira pessoa, de quem cantava com dor antecipada a iminência de deixar a cidade para isolar-se no mundo rural.

A palavra deserto com sentido de campo ermo já podia ser encontrada no início do século XVII, quando o português Thomé Pinheiro da Veiga, o Turpin, que em 1605 assistira em Valladolid às festas pelo nascimento do filho de Filipe III, o futuro príncipe Filipe IV de Espanha, escreveu na sua *Fastigimia, ou Fastos geniais*, em elogio ao sentido de liberdade dos castelhanos: "O Passarinho mimoso na gaiola, em podendo abrir caminho, busca, com o desejo da liberdade, ainda que à custa da fartura descançada, a secura e trabalho do dezerto".[133]

Antes de fixar-se, porém, nessa imagem do deserto almejada como alternativa às frustrações amorosas ou à rotina da vida

---

[133] Thomé Pinheiro da Veiga, *Fastigimia*, Lisboa, Imprensa Nacional/Casa da Moeda, s/d [1988], p. 359.

— que, no fundo, escondiam não mais a oposição campo-cidade dos tempos vicentinos, mas a esperança do reencontro com o eu na solidão de bosques e campinas "literárias", cem anos antes do romantismo — o afastamento da cidade começou por inspirar simplesmente cantigas de despedidas. No Brasil, ao deixar a Bahia deportado para Angola, em 1694, o poeta satírico Gregório de Matos Guerra — já conhecido por umas "Despedidas em Cantigas Amorosas" ("Adeus de mim muito amada/ Prenda, que me dais mil dores,/ como mais não hei de ver-vos,/ adeus, adeus, meus amores") — vingou-se da cidade com versos de despedidas que seu recompilador, o licenciado Manuel Pereira Rebelo, titulou: "Embarcado já o poeta para o seu degredo, e postos os olhos na sua ingrata pátria, lhe canta desde o mar as despedidas":

Romance

Adeus praia, adeus Cidade,
e agora me deverás,
Velhaca, dar eu adeus,
a quem devo ao demo dar
....
...........................134

Muito curiosamente, um dos primeiros a juntar a essa modalidade das cantigas de despedida — ou em despedidas, como então se dizia — a referência ao deserto como destino desejado, seria outro poeta satírico, o português Tomás Pinto Brandão (1664--1743) que, por sinal, estava preso na Bahia ao tempo da partida de Gregório de Matos, e como este também deveria prolongar o seu exílio em Angola. Já de volta a Portugal, ao deixar Lisboa, pelo fim da vida "desenganado do mundo", Pinto Brandão

---

[134] Gregório de Matos Guerra, *Obras completas de Gregório de Matos*, cit., vol. VII, p. 1.593.

comporia os versos da "Busca a vida do campo o autor e despede-se da Corte", em que cantava, triste e penitente:

> Do mal que vivi na Corte
> vou ao deserto emendar-me;
> pode ser, com nova vida,
> que a alma na selva salve.[135]

Estavam nascendo assim, por aqueles meados de Setecentos, as cantigas do deserto, impregnadas do sentido original do verbo latino *dēsĕrŏ*, que era o de separar-se, abandonar, deixar, sentido este que se casaria com o de ermo, por contaminação com outro *dēsĕro*: formado de *de* (diminuição) + *sero* (semear, plantar), e que por seu particípio *sertum* dava a ideia de solidão pela falta de vida vegetal — o *desertum*.

A referência de Tomás Pinto Brandão, não muito antes de sua morte, em 1743, ao seu desejo de se curar no deserto dos males sofridos em Lisboa ("Na Corte morro/ de fome") parece marcar de fato o momento da transformação das "cantigas em despedidas" nas de "despedidas para o deserto". Na segunda metade daquele século, exatamente no momento da ascensão de D. José ao trono, em folheto intitulado *Nova relação do testamento de Clara Lopes* (a aplicadora de cristéis que ainda no século XVII tivera um olho vazado por um estudante em pânico ante o tamanho da seringa), a tal "abadessa das cristaleiras" incluía entre as suas últimas vontades:

> "... me levarão assentada em uma padiola quatro
> estudantes e toda a Irmandade dos gatos-pingados e
> mais todo o povo desta Cidade tocando atrás de mim

---

[135] Tomás Pinto Brandão, *Este é o bom governo de Portugal*, antologia de versos do poeta com notas de João Palma-Ferreira, Lisboa, Publicações Europa-América, s/d [1976], p. 140.

gaitas e pandeiros, e me cantem algumas cantigas do Deserto pois me vou deste mundo..."[136]

E a esse desejo acrescentaria ainda a cristaleira, em certeira indicação da voga de outro gênero de música popular em meados de Setecentos, este vindo do Brasil:

"... e se me puderem alternativamente cantar a fofa ou a choralamba maior alívio me darão e muito mais confortada me irei ao som de outros mais vários instrumentos que também peço me acompanhem para ir deste mundo com todas as folias e cerimônias de grande aplauso e galhofa."[137]

O filão das cantigas do deserto, embora inaugurado, como tudo indica, ainda na primeira metade do século XVIII, encontraria a partir de 1750 motivos mais do que suficientes para continuar a ser explorado, pelo menos nas duas décadas seguintes. Dois acontecimentos inesperados — um natural, outro político — se encarregariam de oferecer matéria para a inspiração de tais versos de desengano: a nomeação de Sebastião de Carvalho e Melo,

---

[136] *Nova relação do testamento de Clara Lopes, a muito exemplar e reverenda abbadeça das Charissimas Madres Christaleiras & Companhia*, Amsterdã, na Imprensa de Pelchior Chefelè, s/d. Apesar de não indicar data, trata-se de evidente contrafacção (era comum em toda a Europa setecentista dar a Holanda como origem de impressos para fugir às censuras do Estado ou da Inquisição), tal como outro folheto sobre a mesma personagem, datado de 1751 e dado como de Sevilha: *Trabalhos de Clara Lopes, exemplar de Cristaleiras, e novo methodo de deitar ajudas pela crítica moderna: obra posthuma do Vox Populi, de novo addicionada por Manuel dos Passos homem preto, natural de uma das terras que ficão debaixo da Zona Torrida, con licencia de Sevilla, en la Emprenta de Correo Viejo, año 1751*. Os textos dos dois folhetos aparecem reproduzidos *in Horta de cordel*, de Mario Cesariny, Lisboa, Assírio e Alvim, s/d [1983].

[137] *Nova relação do testamento de Clara Lopes*, cit.

o depois Marquês de Pombal, logo no início do reinado de D. José, e o arrasador terremoto de Lisboa de 1755. É que o novo secretário de Estrangeiros e Guerra, transformando-se em gestor de uma política econômico-administrativa de caráter nitidamente burguês, ao entrar em choque com a nobreza até então subsidiada — por privilégio de seus títulos — através de rendimentos de cargos e sinecuras, levaria bom número de prejudicados a trocar a Corte por suas casas no campo. Tal ocorrência de caráter político seria logo agravada com a catástrofe natural do terremoto responsável pela dispersão da população na cidade. E quando ainda nem bem essa corrida obrigatória para o "deserto" havia terminado, já um movimento conspiratório da nobreza para o regresso ao poder (abortado em 1756), seguido do atentado contra o próprio rei, em 1758, viria acelerar o movimento de êxodo, sempre no sentido contrário ao habitual, que era o do campo para a cidade. E nem a queda do todo-poderoso Marquês de Pombal após a morte do rei, em 1777, ia interromper a tendência para as retiradas porque, se a saída do ministro trouxe de volta cerca de oitocentos presos políticos, a reação vingativa da nobreza obrigava agora muitos dos pombalistas a deixar Lisboa para fugir à repressão. E, assim, lá chegou o dia em que o próprio Marquês de Pombal veio a ter as suas "despedidas" cantadas em versos impressos em folhetos que os cegos papelistas se encarregavam de difundir pela cidade. Em um destes papéis, transcrito por Eduardo de Noronha em sua biografia romanceada *Pina Manique, o Intendente do Antes Quebrar...*, o exultante opositor autor dos versos fazia cantar o marquês, sob o título de "Despedida que fêz o Marquês de Pombal sendo mandado, por sua Majestade, que se retirasse para a vila de seu título", e obedecendo ao mote:

> Adeus corte, adeus cidade,
> Perdoa se te fiz mal
> Que eu parto para o Pombal
> Por ordem de Majestade.

Glosa 1ª

Deram fins a meus cuidados,
Minhas cansadas ideias,
De olhar vidas alheias,
De formar novos morgados
....
..............................[138]

A verdade é que, talvez já em período imediatamente posterior ao terremoto, e com toda a certeza a partir da década de 1770, começam a aparecer folhetos de cordel a atestar, através dos próprios títulos, a grande voga das cantigas em despedidas para o deserto. E entre esses folhetos de conservação precária, mas ainda hoje possíveis de ler em poucas coleções de bibliotecas ou em mão de raros colecionadores, estariam a *Relaçam curiosa de varias cantiguas em despedidas, da Corte para o Dezerto*, a *Relaçam das novas cantigas do deserto* e a *Reformaçam do deserto, ou cantiguas muy profiquas, que um zeloso da utilidade das almas compoz, para desterrar o profano e indiscreto recitado das Cantigas, com que na Corte se canta o Deserto*, todas sem indicação das datas de impressão.[139]

O ponto comum das letras de todas essas cantigas era a adoção definitiva da primeira pessoa pronominal pelos autores dos

---

[138] Eduardo Noronha, *Pina Manique, o Intendente do Antes Quebrar...*, Porto, Livraria Civilização Editor, s/d; 2ª ed., 1940, p. 80.

[139] Títulos compilados pelo autor em oito volumes do *Catálogo da Colleção de Miscelâneas da Biblioteca Geral de Coimbra* e no *Teatro de Cordel (catálogo da coleção do autor)*, de Albino Forjaz de Sampaio. O autor possui em sua coleção, hoje no Instituto Moreira Salles, exemplar da *Relaçam curiosa de varias cantiguas em despedidas, da Corte para o Dezerto* que difere do descrito no *Catálogo de Miscelânea* da Biblioteca Geral da Universidade de Coimbra por ter a legenda da gravura reduzida à indicação: "Eu sou o Auctor das cantigas do Dezerto".

versos, o que colocava o indivíduo no centro dos conflitos sentimentais ou dos pequenos dramas citadinos. Um bom exemplo dessa nova atitude tão representativa da nova era de individualismo burguês vinha logo nos primeiros versos da *Relaçam curiosa de varias cantiguas em despedidas, da Corte para o Dezerto*:

> Eu heide hir para o Dezerto,
> Jà que meu mal he tão grave,
> Que primeiro morrerei,
> Do que o teu rigor se acabe.

E em seguida vinham os três versos da espécie de refrão em cujo canto se empregava aquele "Ay lê" tão claramente indicador da origem dançada da cantiga:

> Ay lê terrível
> He o mal que me consome
> Meu adurado emposivel.[140]

Quase um século antes do advento do Romantismo, aí aparecia já nessas cantigas de despedida da cidade a busca da solidão para o sofrido gozo pessoal do amor sem remédio:

> A Deos Corte jà me vou
> Para o Dezerto viver,
> Por amor de uma tirana
> tanto me faz padecer.[141]

---

[140] *Relaçam curiosa de varias cantiguas em despedidas, da Corte para o Dezerto*, oito páginas não numeradas, e sem data, tendo ao final gravura representando a figura de um astrólogo encimando a legenda: "Eu sou o Auctor das cantigas do Dezerto".

[141] *Relaçam curiosa de varias cantiguas em despedidas, da Corte para o Dezerto*, cit.

As origens da canção urbana

E tudo para terminar apontando para a novidade que naquela metade do século XVIII suplantaria as próprias cantigas do deserto, em nome da vitalidade popular, sempre capaz de fazer prevalecer a alegria geral sobre as dores pessoais:

> Depois que veyo esta moda
> Das fofas repinicadas
> Delas sahirão as secias
> Feridas, e bem arranhadas.
>
> Ay lê quem he
> He hum tratante da moda
> Que a fofa dança de pê.[142]

Era exatamente essa tendência para a superação da tristeza das despedidas pelo entusiasmo ante as novas modas que chegavam, o que revelava em 1783 o texto do entremez popular da *Basófia no público, e a fome escondida*. É quando o personagem Pantaleão, ao saber que a irmã, D. Serpentina, mandara chamar um mestre de danças com o propósito de aprender, ainda naquela tarde, um minuete da corte para poder dançá-lo à noite, pergunta a Amaro: "Pois minha mana quer aprender o Minuete da Corte em tão pouco tempo?, e ouve como resposta:

> "Amaro. De que se admira? sempre ouvi dizer, que pelos Domingos se tirão os dias santos. Se a senhora D. Serpentina sabe bailar a fofa, tocar o oitavado, e cantar o dezerto, que dificuldade poderá encontrar em aprender o Minuete da Corte, ou ainda a mais dificultosa dança Chineza?"[143]

---

[142] *Relaçam curiosa de varias cantiguas em despedidas, da Corte para o Dezerto*, cit.

[143] *Basófia no público, e a fome escondida (n.e.)* [novo entremez], Lxª

O personagem Amaro, bom observador das mudanças que começavam a ocorrer de maneira acelerada na sociedade de seu tempo, estava a anunciar em sua resposta o advento, nos meios burgueses da cidade, da era das modas novas, destinada a mudar dos trajes ao penteado dos cabelos e ao comportamento das pessoas, que viam expressar-se exatamente na música posta a seu alcance a forma mais ostensiva do novo ritmo da vida.

[Lisboa], 1782, 14 p. [18 p.], conforme descrito por Albino Forjaz de Sampaio à p. 34 de seu catálogo *Teatro de cordel*.

17.
O TEMPO DAS "MODAS NOVAS"

Tal como o século XVI foi o tempo das "novas novidades", o século XVIII seria a época das "modas novas". Apesar do ambiente de grande religiosidade do período de D. João V (1706-1750) — tempo que também incluía, afinal, a popularidade de padres como Frei João de Nossa Senhora, o poeta de Xabregas, que respondia a perguntas de rua em quadras e décimas, o mulherengo Frei Antônio das Chagas, especialista em sermões de improviso, e o padre Baltasar da Encarnação, tornado milagroso depois de se encarnar em muitas mulheres — o país abria-se à modernidade. E a tal ponto a influência das modas importadas da França se espalhou entre a gente citadina que a própria reação a tais novidades só encontrava público revestida da ambiguidade da ironia.

Um exemplo dessa crítica sem convicção apareceria no folheto intitulado *Pragmática da Sécia contra todas as franças e casquilhos, sobre a parvoice das modas, e excesso dos enfeites*, transcrito por Manuel Fernandes Branco como apêndice de seu *Portugal na época de D. João V*, sem indicação de data ou impressor. Nesse folheto o divertido autor, após começar fazendo "saber a todos os cegos, que este papel virem" constituir seu objetivo "que no mundo tenha fim o perverso abuso da Sécia" (a moça "moderna" da época), instituía:

> "Item: Mandamos que todo o Pai de famílias, que despender dinheiro com franceses bailarotes, mandando ensinar as filhas a dançar o passa-pié, e outras mo(e)das deixando-as talvez sem saberem o que lhe é conveniente para o bom governo das casas, por cuja

razão sucede muitas vezes não saberem mais pontos que os da solfa; seja condenado na afronta de ter netos antes do tempo: pois com estas modas de França até abre caminho para se deitar ao longe."[144]

As "modas de França" atendiam, porém, tão completamente às expectativas da sociedade urbana portuguesa do tempo, em seu processo de mudança, que todos os mandamentos das pragmáticas, com ou sem ironia, seriam incapazes de impedir a invasão das novidades nas próprias igrejas, como mostrariam em 1786 o folheto *Nova palestra, em que as senhoras da moda entretem a tarde do Sermão*, e, em 1784, o *Devoção das mulheres da moda na igreja, e o modo que nunca ouvem missa*.

O impacto das novas modas sobrevindas para romper com velhos costumes e padrões de comportamento seria tão marcante, aliás, que ia encontrar no teatro popular o espelho que o refletiria, através da caricatura. E, realmente, a partir de 1784, não haveria praticamente ano em que não aparecesse entremez a indicar pelo próprio título o efeito sociocultural das novidades importadas sobre a gente da cidade. Assim, como que anunciados pelas ainda isoladas comédias *Loucuras da moda*, de 1774, e *Amor à moda*, de 1776, nada menos que três entremezes iam indicar, apenas em 1784, a repercussão social das novas modas: *Os casadinhos da moda*, de Leonardo José Pimenta e Antas, *Correção às modas extravagantes, e aos usos ridículos e afetados*, e *Esparrela da moda*, de José Daniel Rodrigues, parte segunda da "nova peça" *O mau Rabeca, ou o Chá de três xícaras*.

Como o tema da moda era, pois, o da repercussão das modas, além desses entremezes iniciadores do novo ciclo temático do teatro popular apareceriam, vendidos nas ruas pelos cegos, em 1785 o folheto *Namorar por moda nova o velho impertinente*,

---

[144] *Apud* Manuel Bernardes Branco, in *Portugal na época de D. João V* (Lisboa, Livraria de Antônio Maria Ferreira Editor, 1886, 2ª ed.), conforme publicação em Apêndice sob o título de *Pragmática da Sécia*.

em 1789 os intitulados *A sociedade da moda* e *As convulsões, desmaios e desgostos de um peralta da moda, na infausta morte do seu cãozinho, chamado Cupido* e, em 1792, o de *A defesa das madamas a favor das suas modas, em que deixam convencida a peraltice dos homens*. E isso sem contar com o não datado *Os namorados da fábrica nova ou A fidalga imaginária*, que explorava os novos artifícios usados pelos namorados para atrair as mulheres e, por isso, apontados como de "fábrica nova".

Nesses entremezes e folhetos de cordel de intenção humorística iam repontar, aqui e ali, observações factuais e neologismos do maior interesse para a futura pesquisa histórica da gênese da música popular urbana. Assim, depois de, pelo folheto *Relação da fofa*, sabermos sobre tal dança "que veio agora da Bahia", podemos entender também o motivo de o autor dos versos das *Cantigas em despedidas, da Corte para o Deserto* ter escrito pela segunda metade de Setecentos: "depois que veio esta moda/ das fofas repinicadas". A fofa chegara realmente do Brasil para se tornar moda entre sécias e casquilhos como aquele — "Ai lé" — "tratante da moda/ que a fofa dança de pé". Ou, ainda, como mostrava fala do *Entremês da peregrina*, "que se representou no Teatro do Bairro Alto", igualmente ressaltando a novidade da dança: "Cantemos antes que vás/ Duas cantigas da Fofa,/ Da Fofa não; se tu queres/ Cantaremos outra moda."

Neste ponto, aliás, as peripécias da vida setencentista reproduzidas nos folhetos permitem concluir que, tal como acontecera com a fofa, em tal época de novas modas qualquer tipo de música que surgisse era uma moda nova. E entre elas figurariam as próprias modinhas que, levadas do Brasil juntamente com o lundu cantado pelo mulato poeta e tocador de viola Domingos Caldas Barbosa, até hoje continuam nos livros de história da música e nos dicionários luso-brasileiros a serem dadas, gratuitamente, como derivadas de uma inexistente *Moda* portuguesa.

A prova de tal afirmação pode ser encontrada em fala do entremez de Leonardo José Pimenta e Antas *Os casadinhos da moda*, em que o cabeleireiro chamado a pentear o "peralta" André Casquilho, se justifica do atraso pela intimidade com que o tratavam seus fregueses, retardando-o inclusive com pedidos para que cantasse:

> Cab. ....
> E cantar! isso então belo, e rebelo.
> Ensinaram-me certa moda nova,
> Caspite que modinha! tudo encova.
> He a letra o Peralta presumido.[145]

Além de classificar de moda nova a modinha que cantava — o que, em 1784, data do entremez, não significava que o gênero modinha fosse novidade, mas que aquela determinada modinha era nova — o autor revela na mesma fala do cabeleireiro a existência do neologismo *letra* para designar tema ou versos de uma composição de música popular: "É a letra o Peralta presumido" valia por dizer que a moda nova recém-decorada, do gênero modinha, focalizava nos versos — "he a letra" — a figura de alguém preocupado com tudo o que representasse modernidade, exatamente o peralta. E o exemplo valia também pela confirmação do uso da palavra já empregada com o mesmo sentido no *Novo entremês Os Malaquecos, ou Os costumes brasileiros*, na declaração de amor da moça Clarissa ao jovem Amândio:

> Porém, meu querido Amândio,
> Se em meus olhos não observas,
> A paixão que me domina
> Eu te explico nesta letra.
> Canta, e vai-se.[146]

---

[145] *Entremez intitulado Os cazadinhos da moda*, Lisboa, na Oficina de Francisco Luiz Ameno, 1784. Sem assinatura, mas identificado como de Leonardo José Pimenta e Antas.

[146] *Novo entremez Os Malaquecos, ou Os costumes brazileiros*, Lis-

No Brasil, como demonstra Nuno Marques Pereira em sua obra de doutrinação moral-religiosa, o *Compêndio narrativo do peregrino da América*, de 1728, a palavra letra também era empregada à época no mesmo sentido, pois no relato da sua visita a uma escola de música na Bahia lembrava:

"E levantando-me sem mais cerimônias, peguei em uma viola, e depois de a temperar, cantei esta letra: 'Nesta palestra de solfa/ Que é do mundo glória e pasmo/ Quero cantar seus louvores/ E dizer seus predicados'."[147]

Na Espanha, a tendência para o diminutivo para indicar a qualidade "menor" das criações de caráter popular, anônimo, levou à preferência pela denominação *letrilla*, em coerência com aquele espírito da língua que no século XVI já havia transformado em *guitarrilla* a guitarra tocada por gente do povo. Um exemplo do emprego de *letrilla* por letra de cantiga popular apareceria, em 1772, na fala de um personagem espanhol do entremez português intitulado *Entremês das línguas, ou Derrota de um velho louco*, quando a cigana "estrangeira" canta para o velho que lhe pedira uma "dança nova":

"*Cig. Por esso discance usted, que algunas danças sé, de que usted gustará, a ora veja usted esta con una bella letrilla, e no caso que nó sirva, iré loego por mas./ Canta, e dança./ Ay pobre de ti viejo/ Que moi-*

---

boa, com licença da Real Mesa Censória. Sem data, mas seguramente da mesma época de *Os casadinhos da moda*.

[147] Nuno Marques Pereira, *Compêndio narrativo do peregrino da América*, Rio de Janeiro, Academia Brasileira de Letras, 1939, 6ª ed. em 2 vols., incluindo a segunda parte da obra, até então inédita.

do, e fatigado/ andas em loucura ciego/ Una tolice buscando".[148]

Em verdade, o emprego desse neologismo letra para versos de cantigas já constituía resultado da redução de antiga expressão, àquela altura secular: a *letra nova* empregada no seu *Auto do fidalgo aprendiz* por D. Francisco Manuel de Melo, no século XVII, para designar os romances trovados que então se improvisavam a partir dos romances velhos. Nessa peça escrita, conforme informação do próprio autor, em 1646, ao receber da personagem Britez uma viola com o pedido "Entoai por meu prazer/ qualquer coisa", o enamorado D. Gil Cogominho começa a cantar um romance velho, para logo ser interrompido pela moça, que lhe diz: "Ai, senhor! eu não queria senão letra castelhana!...". E quando D. Gil responde que, por ela, seria capaz de cantar até "algaravia", e lhe pergunta: "Pois que quereis?", Britez responde: "Uma letra nova quero".[149]

As letras que pelos fins do século XVIII se cantavam não se restringiam, aliás, aos gêneros mais conhecidos da música popular urbana do tempo (como as fofas, lundus e modinhas importadas do Brasil, vindas para juntarem-se à comporta, à amorosa, à arrepia ou à chula e fandangos aportuguesados), mas podiam servir eventualmente a gêneros ainda mais novos, que surgiam naquele momento. Um exemplo seria o da marcha, música de origem rural que só se consolidaria como gênero urbano pelos fins do século XIX, mas que já na Lisboa de 1789 cantava a "peralta

---

[148] *Entremez das línguas, ou Derrota de um velho louco*, Lisboa, na Oficina da Viúva de Ignácio Nogueira Xisto, 1772, com licença da Real Mesa Censória.

[149] D. Francisco Manuel de Melo, *Auto do fidalgo aprendiz*, Coimbra, Franca Amado Editor, 1915, 2ª ed. revista por Mendes dos Remédios, com base na primeira publicação do texto no volume *Obras métricas*, do autor, em 1665.

da moda" Esmeraldina, a divertir-se com seu cãozinho Cupido no entremez *As convulsões, desmaios e desgostos de uma peralta da moda, na infausta morte do seu cãozinho, chamado Cupido*. Em resposta à queixa do pai, Otávio, irritado com a presença de treze cães em casa, diz a moça: "Ah meu Pai! V.m. não estima as galantarias particulares destes dengues: ele [Cupido] ora se põe em pé, caminhando ao som de uma marcha que lhe canto, a casa toda em roda, ora apenas vê na minha mão o doce...".[150]

Assim, com o aparecimento na música urbana de tantas "modas novas" — com seus versos agora configurando um tipo de composição já reconhecível como algo particular, a *letra* — estava tudo preparado, por aquele final do século XVIII, para o advento da moderna era das canções características da música popular das cidades. Canção popular, aliás, que, ainda chamada no século XVI por Baltasar Dias de "cantiguinha", já no século seguinte começaria a roubar o privilégio da denominação aos antigos trovadores e compositores eruditos, como se poderia comprovar por um entremez de Miguel de Cervantes, de 1611, na Espanha, e por um auto anônimo de 1634, em Portugal. Em seu *El viejo celoso*, Cervantes descreve a comemoração das pazes entre o ciumento Cañizares e os vizinhos — após uma briga com a mulher, D. Lorenza, que atrai até um grupo de músicos chamados a animar festa de casamento na casa ao lado — fazendo dizer o chefe dos músicos, disposto a coroar a cena com danças e cantoria: "*Músico*. Para que não se diga que viemos em vão, toquem meus companheiros e dance o bailarino, e comemore-se as pazes com esta canção".[151] No *Auto do escudeiro surdo*, ante a entrada do personagem Doudo a cantar "Pois que me não falais/

---

[150] *Nova e graciosa pessa, intitulada As convulções, desmaios e disgostos de huma peralta da moda, na infausta morte do seu cãozinho, chamado Cupido*, Lisboa, na Oficina de Lino da Silva Godinho, 1789.

[151] Miguel de Cervantes, "El viejo celoso", *in Entremeses*, Barcelona, Editorial Ibérica/J. Pugés, 1914, p. 151.

como senhora sabeis/ a minha morte quereis/ para vermos se chorais", diz um castelhano comovido: "*Vós venis mas sin passion/ de la que en mi se aposenta/ en mi triste corazón/ no desea aí canción/ porque su mal no la sienta*".[152]

Quanto à aparente contradição de os dois primeiros tipos de canção popular tipicamente urbanos do mundo moderno — a modinha e o lundu — terem surgido nos salões da corte portuguesa na segunda metade do século XVIII, na voz de um mulato brasileiro tocador de viola de cordas de arame (traindo no sincopado do ritmo a sua origem negro-africana) era perfeitamente explicável: desde o início de Setecentos, quase todas as danças e cantigas em voga entre as baixas camadas de Lisboa constituíam criações de negros locais, levados do Brasil.

---

[152] *Auto do escudeiro surdo*, Lisboa Ocidental, na Oficina de Bernardo Costa Carvalho, 1721. A edição de 1634 pela oficina de Antônio Alvares, em Lisboa, é citada por Albino Forjaz de Sampaio, que não possuía o folheto em sua coleção. O exemplar de 1721 aqui citado é do acervo do Arquivo Nacional da Torre do Tombo (ANTT), SP 3414⁶ CF.

18.
AS DANÇAS NEGRAS DAS RUAS

As modinhas e lundus-canções brasileiros, que antecipariam em quase um século as cançonetas do teatro de *vaudeville* francês e as canções napolitanas — os quatro primeiros tipos mais característicos de canções solistas acompanhadas da era da moderna música popular urbana — surgiram na Lisboa da segunda metade do século XVIII como resultado da fusão da melódica europeia com o sincopado rítmico da percussão africana.

O encontro das duas tendências, ou seja, a da melódica em estilo recitativo dos romances (antecipador popular das árias das óperas), com o ritmo africano à base de síncopas, deu-se de forma comprovada, quase simultaneamente, desde fins do século XVII na colônia portuguesa do Brasil e, a partir do século XVIII, na capital da metrópole, Lisboa.

A capital de Portugal e as duas principais cidades do vice-reinado do Brasil — Salvador (capital da colônia de 1549 a 1763) e Rio de Janeiro (nova capital a partir de 1763) — constituíram realmente, na área de suas baixas camadas, desde a segunda metade de Seiscentos, verdadeiros laboratórios raciais, onde, ao lado dos brancos locais, predominavam os negros africanos e crioulos. A estes iam somar-se os pardos resultantes do cruzamento entre as duas etnias e, ainda, mouros e ciganos em Portugal, e caboclos e cafuzos no Brasil.

O resultado cultural dessa mistura no campo da música e das danças destinadas à diversão da gente mais humilde das cidades começa a evidenciar-se no Brasil na segunda metade do século XVII. E isso devido, talvez, à circunstância de a vida colonial — mais distanciada do poder controlador das autoridades sobre a sociedade — permitir uma troca maior de experiências, não apenas entre escravos e crioulos livres, mas entre estes e os brancos das baixas camadas da população. Não era outra coisa, aliás, o que dava a conhecer em versos escritos entre 1684 e 1694 na Bahia o poeta satírico Gregório de Matos Guerra, no romance em que, fazendo-se procurador da Bahia, respondia a queixas contra a cidade, em verdade devidas a seus moradores:

> Que de quilombos que tenho
> com mestres superlativos,
> nos quais ensinam de noite
> os calundus e feitiços,
> com devoção os frequentam
> mil sujeitos femininos,
> e também muitos barbados
> que se prezam de narcisos.
> Ventura dizem que buscam;
> não se viu maior delírio!
> eu que os ouço, vejo e calo
> por não poder diverti-los.
> O que sei é que em tais danças
> Satanás anda metido,
> e que só tal padre mestre
> pode ensinar tais delírios.
> Não há mulher desprezada,
> galã desfavorecido,
> que deixe de ir ao quilombo
> dançar o seu bocadinho.[153]

---

[153] "Queyxa-se a Bahia por seu bastante procurador, confessando que as culpas, que lhe increpão, não são suas, mas sim dos viciosos moradores, que em si alberga — Romance", *in* Gregório de Matos, *Obras completas*, Salvador, Editora Janaína, 1969, vol. I, pp. 15-6.

É evidente que, em Lisboa, uma tal possibilidade de "mil sujeitos femininos, e também muitos barbados" frequentarem rituais negro-africanos propiciatórios de ventura em locais afastados (os quilombos, do ambundo *kilombo*, "acampamento na mata"; "lugar de pouso durante a viagem"), no meio de danças onde "Satanás anda metido", seria praticamente impossível. E, assim, o mais natural e provável é que as danças e cantos surgidos desses contatos culturais entre brancos e negros ganhassem forma no Brasil, antes de serem levados a Portugal, onde chegavam prontos a Alfama, como em inícios do século XVIII atestava em folheto da série *Anatômico Jocoso* o irreverente Frei Lucas de Santa Catarina (1660-1740):

> Do Brasil em romaria
> Os sons vêm ali descalços.
> Criam-se ali, ali crescem,
> E dali se vão passando
> Pouco a pouco para as chulas,
> Piam piam para os mulatos.[154]

Era como se o redator do folheto documentasse sociologicamente o fato de, embora criados na colônia, os sons chegados descalços — os escravos levados do Brasil não usavam calçado — encontrarem em Lisboa imediata aceitação nos bairros pobres, certamente também, estes, redutos de gente matizada por séculos de cruzamentos raciais. E o fenômeno não era apenas português, porque, como na Espanha a cidade de Sevilha representava, tal como Lisboa, equivalente papel de entreposto e centro administrativo da economia colonial, também lá de há muito Lope de Vega (1562-1635) pudera dizer da "chacona mulata" — canto e dança assim referida por seu contemporâneo Francisco

---

[154] "Entrada quarta para as festas de N. S. do Cabo", de Frei Lucas de Santa Catarina, *in Anatômico Jocoso*, Lisboa, na Oficina do Doutor Manuel Alvarez Solano, 1758, p. 209 do tomo III.

Quevedo (1580-1645) — que *"De las Indias a Sevilla/ ha venido por la posta"*.

A metáfora para explicar a chegada da dança cantada da chacona a Espanha "pelo correio" sugeria a verdade, pois eram os próprios castelhanos que se encarregavam de divulgar as novidades coloniais ao voltarem acompanhados de seus escravos. Seria, pois, desse vaivém de castelhanos e portugueses, entre a metrópole e as suas colônias, que resultaria não apenas a oportunidade de intercâmbio gerador de novas criações culturais na área do lazer das baixas camadas urbanas, mas também o fenômeno da quase simultaneidade na notícia do aparecimento de tais novidades. E um primeiro exemplo disso seria representado desde logo pelo aparecimento da dança de negros chamada *gandu*.

Citada em fins do século XVII na Bahia por Gregório de Matos, a mesma dança do gandu apareceria referida em Portugal pouco mais de trinta anos depois em versos de dois diferentes sonetos: o primeiro, "Versos a uma negra vendo-se a um espelho", no livro *Musa pueril*, de João Cardoso da Costa, de 1736; o segundo, sob o mesmo título (era uma paráfrase do primeiro), no folheto *Desenfado do povo*, de José Pedro da Silva Zambrinense, de 1746. Em ambos os sonetos de "consoantes forçadas" (versos obrigatoriamente terminados em sílabas tônicas), os poetas, que preconceituosamente satirizavam o gesto vaidoso de uma negra de mirar-se ao espelho, concluíam os tercetos aconselhando a personagem a contemplar o seu duplo no baile do gandu, como a indicar que o melhor espelho de um negro eram outros negros. Assim, ao que João Cardoso da Costa concluíra em 1736 — "Pois para tal negrura como tu,/ Nesse lugar he bem que verse vá/ Lá nos Reinos escuros do Gandu" —, José Pedro da Silva Zambriense rematava em 1746, parafraseando-o: "Porque quem tiver cara como tu/ É mui justa razão que agora vá,/ Buscar espelho ao Baile de Gandu".[155]

---

[155] "Versos a uma negra vendo-se a um espelho", de João Cardoso da

O fato de esse gandu — dança sobre a qual não há maiores informações no Brasil, além da referência de Gregório de Matos — constituir em Portugal um baile exclusivamente de negros, segundo se depreende pelos versos dos poetas, não impedia que, em Lisboa, viesse a dança a receber a contribuição dos mulatos, então responsáveis pela mediação cultural entre os negros escravos e crioulos e os brancos das camadas populares. E uma prova disso apareceria em folheto da série *Anatômico Jocoso* pouco anterior a 1740, e em que o seu autor, Frei Lucas de Santa Catarina, anotava ao descrever as festas junto à cruz existente a um canto do cenóbio dos monges de São Bento: "Junto à Cruz andavão os mochilas ao socairo com seu gandum por pontos."[156]

Costa, in *Musa pueril*, Lisboa Ocidental, na Oficina de Miguel L. Rodrigues, 1736; "Versos a uma negra vendo-se a um espelho", de José Pedro da Silva Zambrinense, folheto *Desenfado do povo*, em *Provas e supplemento à Historia annual chronologica*, ANTT, tomo 2614 (que guarda folhetos de cordel publicados entre 1746 e 1748).

[156] "Festas heroicas da sobrelevante Irmandade da Vera Cruz dos Poyae, sita junto ao Regio Cenobio do Heremitico Monarcha São Bento", in *Anatômico Jocoso*, pelo padre Fr. Francisco Rey de Abreu Matta Zeferino (na verdade Frei Lucas de Santa Catarina (1660-1740), Lisboa, na Oficina do Doutor Manuel Alvarez Solano, 1755, tomo 1º, p. 278. Essa ideia do gandu constituir dança popular, apesar de contar com o emprego de instrumento de cordas tocado por pontos, e não apenas de rasgado, parece confirmada pela versão de um "bailo" registrado em códice da Seção de Música da Biblioteca Geral da Universidade de Coimbra sob a indicação "Gandum 7º tom", que pode ser ouvido na faixa 7 do CD *Música no tempo de Gregório de Matos: música ibérica e afro-brasileira na Bahia dos séculos XVII e XVIII*, gravado sob a direção do musicólogo Rogério Budasz com o grupo Banza em 2002 (com o patrocínio da Petrobras). A impressão sonora produzida pela execução desse "Gandum 7º tom" é, afinal, de peça que oscila entre o solene e a trabalhada vivacidade expressa pelo "jeitão andaluz" (a expressão é de Budasz) da música característica dos mestres ibéricos setecentistas. Sobre o mesmo tema ver, do autor, *A música popular que surge na Era da Revolução* (São Paulo, Editora 34, 2009).

Ora, se a gente da mais baixa condição social, como os mochilas, podia dançar ao som do gandum tocado por pontos, e não de rasgado, ficava implícita a presença de tocador de viola de algum aprimoramento musical. E o autor do folheto não deixa de fato de anotar, entre os presentes à festa, um mulato que, ao cantar a amorosa (gênero de cantiga popular da época), se alongava por tal forma nos efeitos vocais que chegava a perder a respiração: "porque nesta função eu vi mulato, que de cantar a amorosa, sem tomar folgo, esteve com a candêa na mão".[157]

Não deixa de ser curioso, aliás, que nessa descrição do adro em festa ao cair da noite, quando se acendem bugias e candeias, a imagem dos pontos luminosos como brasas tenha sugerido ao autor um duplo trocadilho, em que o conjunto de brasas era um Brasil, e a presença de negros a segurar velas (bugia significava tanto vela de cera quanto fêmea de macaco), em clima de algazarra, lembrava um bando de papagaios: "As guapas, e faceiras accendêrão suas bugias; e pondo-se à janella parecia o bairro hum Brasil com bugias, e papagayos".[158]

Enquanto isto acontecia ao ar livre, na tenda próxima a festa era tipicamente branco-portuguesa:

> "Havia viola na dita tenda, e Antonia do peixe repicava o pandeiro. Largarão os capotes [havia chegado o folgazão 'Peta e sua companha'] e fizeram roda com uma atrapalhada chacoina [chacona]. Alli se ouvia o: 'A Deos bairro alto forte', que o cantavão hũa das sardinhas com todo o corpo; e logo respondia o Peta com a celebre cantiga de: 'A isso responderey'."[159]

---

[157] "Festas heroicas...", cit., p. 278.

[158] "Festas heroicas...", cit., p. 278.

[159] "Festas heroicas...", cit., p. 279.

As origens da canção urbana

O quadro geral era, pois, de grande riqueza sócio-étnico-cultural, e só vinha confirmar o clima sonoro quase inteiramente africano de rua de anterior descrição de outra festa popular no bairro de Alfama, ao despontar do século XVIII. No *Folheto de Ambas Lisboas*, nº 7, de outubro de 1730 (Lisboa estava desde 1716 dividida em duas metrópoles, com duas sés, ficando Alfama do lado oriental, e o Bairro Alto do ocidental), o redator escrevia, datando a notícia da Igreja do Salvador, 1º de outubro:

"A Festa do Rosario desta Igreja se celebrou hoje Domingo primeiro deste mez com excessivo apparato. No adro estava hum rancho de instrumentos, com huma bizarra dissonância; porque estavão tres marimbas, quatro pifanos, duas rebecas do peditório, mais trezentos berimbaus, pandeiros, congos, e cangáz, instrumentos de que uzão."[160]

A essa descrição de raro valor documental — instrumentos negro-africanos lado a lado com branco-portugueses como os pífanos, as rebecas e os pandeiros — o redator do folheto ajuntava o texto de uma carta no português estropiado dos africanos e seus descendentes (a chamada língua de negro), em que Pai Simão, o Rei de Angola da festa, convidava o Rei Mina para a procissão do Domingo, onde deveria cantar o Zaramangoé e entregar-se à dança da fofa, em que o pai José faria os *cutambala*, *cuzambala* em passos de minuete:

---

[160] *Folheto de Ambas Lisboas*, nº 7, Lisboa Ocidental, na Oficina da Música. A publicação desta série de folhetos, iniciada em junho de 1730, prosseguiu até o nº 26, datado de 17 de agosto de 1731, segundo consta do sexto volume encadernado de impressos de cordel do ANTT, *Provas e supplemento à Historia annual chronologica, e politica do Mundo, e principalmente da Europa, nas quaes se faz memoria mais exacta etc.*

"Seora cumpadra Re Mina Zambiampum tatè [Deus — Nzambia-npungu — seja contigo]: sabe vozo, que nossos fessa sá Domingo, e que vozo hade vir fazer os forgamenta [os folguedos]: oya vussè não falta vussè cumpadra, que os may Zoana os fia [os filhos] dos pay Maulicia, e dos may Zozefa sa biscondeça dos taraia [Viscondessa na festa da Atalaia]: nos pricissão, hade vozo cantar o Zaramangoé, e traze vussè nos forfa que os pay Zozé nos fezo os cutambala, cuzambala cuyé numas minueta; agora se vozo vem zangana se não vem zanagana vussè gomo Zambiampum tatè muitos anno."[161]

Na divertida descrição que faz a seguir da festa, o redator do *Folheto de Ambas Lisboas* reforça a imagem de africanidade da diversão dos negros de Lisboa — muito briosos em suas vestes domingueiras — ao observar que "andavão muito guapos pelos becos de Alfama, dãçando o cumbé ao som do tambor, tudo gravemente feito".[162]

A gravidade ou seriedade com que o redator via comportarem-se os negros devia-se ao fato de — tal como acontecia no Brasil, e certamente ocorreria em Sevilha — os africanos e seus descendentes crioulos aproveitarem a festa de Nossa Senhora do Rosário para disfarçadamente se entregarem a danças de caráter ritual ou hierático. E eis como talvez assim se explique andarem os negros mui guapos a dançar o cumbé, pois esse era o nome com que dois séculos mais tarde se conheceria, na Bahia, uma dança de negros "bem-vestidos". Segundo o estudioso do folclore baiano Souza Carneiro no seu livro *Mitos africanos no Brasil*, a dança chamada cacumba era sinônimo de cumbe ou

---

[161] *Folheto de Ambas Lisboas*, nº 7, cit.

[162] *Folheto de Ambas Lisboas*, nº 7, cit.

As origens da canção urbana   151

cumbé, e explicava tratar-se a "dança e o canto dos cumbas do Congo ao som do Ricumbo, dança que se chama Cumbe, Cumbé ou Cumbi".[163] Boas explicações que, ante o registro de W. Holman Bentley no seu *Dictionary and Grammar of the Kongo Language* (Londres, 1887), dando o termo *nKumbi* para tambor e *kumbun* para gritaria, escândalo, poderia resumir toda a descrição da festa em Alfama a simples referência do redator do *Folheto de Ambas Lisboas* à visão de negros a dançar ao som de tambor, não fora a observação "tudo gravemente feito", com sua ideia de dança ritual.

O que não deixa dúvida, apesar da conhecida precariedade das informações históricas sobre a vida das camadas baixas das cidades, é o fato de os negros tirados da África como escravos terem contribuído na Península Ibérica e nas colônias americanas — incluídos aí os Estados Unidos e as ilhas de colonização inglesa e francesa das Antilhas, embora nestes casos bem mais tarde, a partir apenas do século XIX — com o ritmo de seus tambores, marimbas, cangás ou canzás (expressamente citados em textos portugueses) para a síntese musical que enformaria toda a futura música de massa do mundo moderno.

É interessante notar que, mesmo ante a pobreza da documentação de época, as poucas informações disponíveis, quando bem interpretadas, permitem concluir que, apesar da aparente segregação sofrida nas metrópoles pelas culturas negras transplantadas — elas mesmas muito diferentes, considerada a diversidade de origem dos escravos — se deu não pela imposição de padrões de qualquer das partes, mas pela acomodação dos elementos em jogo. Um exemplo de como se dava, na prática, tal processo de sincretismo apareceria nas entrelinhas da versalhada do folheto da série do *Anatômico Jocoso* sob o título de "Entrada segunda para as festas de N. S. do Cabo", que descrevia o tra-

---

[163] Souza Carneiro, *Mitos africanos no Brasil*, vol. 103 da Série Brasiliana, São Paulo, Editora Nacional, 1937, pp. 479-80.

balho de um donato (servidor leigo de convento, revestido de hábito) encarregado como Juiz de Ofício de examinar as danças preparadas para a procissão. Ao chegar a vez do exame da Dança das Flechas — em que a representação da comunidade negra de Lisboa se apresentava em trajes tribais, brandindo arcos e flechas numa coreografia guerreira — o Donato pergunta ao preto Bento: "Há muito que andais na dança?". E ouve como resposta, em língua de negro:

> Sioro eu sava mui pequeno
> Quando vem du nosso terra,
> Cá sava mia companhello
> Elle ensiná pella mi,
> Is dipogi cus dinhello
> Zá mi forrá.[164]

A resposta do preto Bento (que logo entraria a dançar com os companheiros, anunciando "Ó lá, tocamo tambolo") resumia uma situação típica: levado ainda menino da África como escravo para Portugal, fora instruído por outro negro de maior idade, já adaptado à vida da cidade; e com tal aproveitamento, aliás, que chegara a conseguir dinheiro suficiente para a compra de sua alforria. É, pois, com evidente simpatia que o Donato Juiz de Ofício aprova a movimentada dança dos negros liderados pelo Bento, dizendo: "Suou bem, nenhures melhor/ Dos que examinado tenho/ Com o suor do seu rosto/ O pão da dança comerão".[165]

---

[164] "Entrada segunda para as festas de N. S. do Cabo", in *Anatômico Jocoso*, cit., tomo III, Lisboa, 1758. Este terceiro tomo do *Anatômico Jocoso* com as "farsas, entradas, loas, entremezes e diversos festejos", deixados em "gavetas velhas" por Frei Lucas de Santa Catarina, falecido em 1740, saiu sob o pseudônimo de Fr. Francisco Rey de Abreu Matta Zeferino.

[165] "Entrada segunda para as festas de N. S. Cabo", in *Anatômico Jocoso*, cit., p. 62.

Os negros de Lisboa de inícios de Setecentos, aliás, não se limitavam a apresentar-se na Dança das Flechas da festa de Nossa Senhora do Cabo, mas — tal como acontecia na Procissão do Corpo de Deus — eram eventualmente convocados, por suas habilidades musicais e predisposição para a dança, a animar as apresentações de outras categorias. No mesmo folheto da "Entrada segunda para as festas de N. S. do Cabo", quem aparece como músico na dança dos Arcos, dada pelas confeiteiras de Lisboa, era um preto tocador de berimbau. Sob a indicação "Saem a dos Arcos com seu Preto tocando", e após curto e brejeiro diálogo entre o donato e a veterana confeiteira Antónia ("Vem o brio do Terreiro./ Ay Padre, não diga isto!), "tocão os arcos" e diz o Donato:

> Ahí não há mais dança que isto!
> O nosso Portugal velho
> Era hum tolo! não é o mesmo
> O Bacolá? pois os nossos
> Sem saibo duros, e secos!
> Dancem minhas Peregrinas.
>   Danção.[166]

O que o donato feito Juiz encarregado da boa apresentação das danças comprovava, embevecido, é que, em comparação com o clima sonoro de vivacidade rítmica trazida pelos negros — e do qual o bacolá era exemplo — as danças antes conhecidas do velho Portugal pareciam agora duras, secas e "sem saibo", ou seja, sem sabor.

O sabor novo estava, certamente, no caso do bacolá, no esquema responsorial do seu canto, o que outro folheto do *Anatômico Jocoso* — "Ensalada para o Natal" — denunciaria graficamente pela disposição espacial dos versos transcritos: após cada

---

[166] "Entrada segunda para as festas de N. S. do Cabo", *in Anatômico Jocoso*, tomo III, cit., p. 59.

verso em redondilha maior da letra apareciam, após largo espaço em branco, alternadamente, as palavras bacolá/bacolé, em clara indicação de curta resposta, em coro, pelos circunstantes, ao verso cantado pelos negros no seu português estropiado:

Toção o Bacolá
Pala vê meu namulado,   bacolá
Vem das groria sua mercê   bacolé
Sô preto, nam sá cativo,   bacolá
Sá comas branca tambê   bacolé.[167]

A síntese cultural europeia-africana aparecia aí, inteira, resumida nesse exemplo breve e definitivo: a medida dos versos e, certamente, também a melodia obedeciam a modelos da poesia e da música dos brancos europeus, mas o ritmo que acompanhava o canto, e a forma alternada das vozes na resposta em coro constituíam, sem qualquer dúvida, indicador de um tradicional processo de canto africano. E o encanto de tal forma de cantar estaria em que, como os cantadores podiam jogar com o tempo entre o fim do verso cantado e sua breve resposta gritada em coro — inclusive com superposição das vozes —, criava-se uma espécie de cânone espontâneo, tal como, aliás, ainda hoje acontece com os *gospel, shouts* e *spirituals* dos negros das igrejas evangélicas norte-americanas. E, assim, os gritos em coro de *bacolá, bacolé*, impondo-se alternadamente à percussão do acompanhamento, deviam produzir de fato, no meio do conjunto das vozes, um clima sonoro de grande riqueza.[168]

---

[167] "Ensalada para o Natal", *in Anatômico Jocoso*, cit., tomo III, p. 350.

[168] O autor argentino Nestor Oderigo, ao referir-se a esta forma "antifonal ou responsorial denominada 'call and response', na qual o líder de canto entoa um fragmento e o coro responde com outro, geralmente invariável", observa à p. 54 de sua *Historia del jazz* (Buenos Aires, Ricordi Ame-

Os tipos de canto e dança resultantes dessa mistura de padrões da cultura da gente europeia das baixas camadas das cidades, com aquela trazida pelos escravos africanos de origem e níveis culturais diferentes, não deixariam de ser utilizados a partir de meados do século XVIII por espertos autores de folhetos de cordel e músicos de teatro popular, em textos e cantorias destinados a "negros" criados para divertir o público com seus "modos de nossa terra".

A mais antiga dessas pequenas peças produzida para as camadas populares de Lisboa, em que personagens "negros" atendiam à curiosidade do público branco em torno dos costumes "exóticos" dos pretos locais, através da apresentação de cantos de "sua terra", o *Entremez da floreira*, data de 1774. A cena era típica: cortejada na rua pelo negro Bastião, a preta Catarina vendedora de mexilhões pousava a cesta no chão e cantava em dueto com o namorado:

>   *Preto* — Plincipia Cacelina
>   Que mim logo te acompanha
>
>   *Preta* — Tu Bacião saber cantáro
>   Os moro de nossa terra
>
>   *Preto* — Cantaremos ambos nosso
>   Com glacioza plesteza.
>
> *Cantam*

---

ricana, s/d [1952]): "É o equivalente dos famosos 'Oyé ye yumba' e 'Yum bam bé' dos candombes afro-rioplatenses. Aparece tanto na 'rumba', 'conga' ou no 'son' afro-cubano, quanto no 'candomblé', 'xangô' ou 'macumba' afro-brasileira, e ainda nos cantos de trabalho, nos 'negro spirituals' e até nos 'blues' afro-estadounidenses". O autor observa que, nos momentos mais ricos do emprego de tal processo de canto, pode-se perceber "como a antífona se transforma em polifonia".

> *Preta* — No nosso forgamento
> com muitos alegria
>
> *Preto* — Ay dum dum
>
> *Preta* — Os Preto ter folia
> E fazo mui contento
>
> *Preto* — Ay dum dum
> Gorgoia goia.[169]

O interesse pela novidade representada pelo uso da rítmica negro-africana na música feita especialmente para diversão do público citadino do teatro popular ia continuar até o fim do século, pois quase vinte anos após esse *Entremez da floreira*, o esperto redator de folhetos de cordel José Daniel Rodrigues da Costa praticamente repetia aquela cena de rua entre pretos na sua *Pequena peça intitulada O cais do Sudré*. A nova "preta do mexilhão" era agora representada por uma mãe Josefa — por sinal Juíza de negros na festa de Nossa Senhora da Atalaia — e outro preto igualmente Bastião com quem dialogava:

> *Preta* — Queri tu que faça uns festa, eu canta
> argum moda de nossa terra.
>
> *Preto* — Eu pelo mim canto vozo, que eu faço
> tambem os função cos pez, e cos mãos,
> e cos cascãraha [com os calcanhares]
>
> *Preta canta*

---

[169] *Entremez da Floreira*, sem indicação de autor, Lisboa, na Oficina da Viúva de Ignácio Nogueira Xisto, 1774.

Os pleta cativa
Não tem liberdade,
Anda na Cidade
Co seu micião,
Auí, Auí, Auí,
Maçaloca a çara
Do meio Bacião
Clanguejo que bota amaré,
Guiabá, guiabá, guiabé,
Clanguejo que bota amaré,
Guiabá, guiabá, guiabé.

Preto — Viva mia Mãe Zuzefa, Zuíza dos Ataraia,
eu não faltei este anno abailar na função,
com meia de sera de linha crua, mia viora
escangaara [viola escangalhada].[170]

Como se pode perceber, o teatro popular dos entremezes, com tal fabricação de "pitoresco" a partir de estereótipos criados em torno dos costumes de negros e crioulos de Lisboa, antecipava já nesses números musicais dos "moro de nossa terra" o que viria a constituir o tipo de música popular dirigida às camadas mais baixas das cidades. A própria insistência no tema, aliás, aliada à circunstância de heterogeneidade do público do teatro de entremezes do Salitre, leva a concluir que não apenas as baixas camadas, mas também a classe média e a própria burguesia emergente se interessavam pelo "exótico" das cenas com canto e danças de ritmo negro.

Uma prova desse novo interesse seria oferecida em 1794 quando, no Real Teatro de São Pedro — inaugurado em 30 de junho do ano anterior, para atender a exigências do público mais

---

[170] *Pequena peça intitulada O cais do Sudré*, por José Daniel Rodrigues da Costa, Lisboa, na Oficina de José de Aquino Bulhões, 1791.

"elevado" subiu à cena o drama joco-sério *A vingança da cigana*, em que o mulato brasileiro Domingos Caldas Barbosa (o tocador de viola de cordas de arame introdutor das modinhas e lundus na corte de D. Maria I) oferecia à curiosidade de nobres e burgueses um movimentado quadro da animação da festa de Nossa Senhora da Atalaia. A cena — com a música dos negros certamente adaptada para orquestra pelo "Sr. Antonio Leal Moreira, Mestre do Real Seminário, e do mesmo Theatro" — mostrava o preto ajudante de pescador Cazumba a reproduzir, com recursos de onomatopeia, o clima sonoro da festa tradicional:

> *Grilo* [mestre barbeiro] — Ora a festa ha de ser muito bonita?
>
> *Cazumba* — Quer vozo vero? Faze-m'mum vezita [olhe só...]
> Chega os Ciria [círio, procissão] os outrum banda
> Os foguete tum, tum tum:
> Toca os marxa, quando eu manda
> Os Zabumba, dum, dum, dum:
> Toca os trompa, vum, vum, vum:
> Toca os flauta, lá, lá, rá.

Pay João anda, e dezanda
C'os pandeira, xim, xim, xim:
Os Rabeca, zim, zim, zim:
Turo os branco está pasmaro,
Anda vozo então verá:
Oyalá, oyalá, oyalá.[171]

---

[171] *A vingança da cigana*, drama joco-sério, de Domingos Caldas Barbosa, com música de Antônio Leal Moreira, Lisboa, na Oficina de Simão Thaddeo Ferreira, 1794.

A declaração de que os brancos ficavam pasmados com o que viam e ouviam na festa dos negros — como era o caso dessa de Nossa Senhora da Atalaia, na antiga Aldeia Galega, que atraía festeiros devotos vindos em barcas enfeitadas de flores dos "outrum banda" do Tejo — revelava estar a sociedade lisboeta surgida dos escombros do terremoto de 1755 pronta para admitir, ao lado das modas novas de França, a novidade branco-negro--colonial das modinhas e lundus anunciadores da moderna era da música popular de massa.

19.
A SÍNCOPA NEGRA NOS SALÕES

O lançamento, em Lisboa, das novas modas da modinha e do lundu cantados pelo mulato brasileiro tocador de viola de cordas de arame Domingos Caldas Barbosa veio revelar aos europeus, no início da década de 1770, o que ia constituir a maior contribuição negro-colonial americana para a moderna canção popular em todo o mundo: a presença sistemática da síncopa.

De fato, o que caracterizaria esse novo estilo musical era não apenas a síncopa, em si, mas a sua persistência quer na melodia quer no acompanhamento — às vezes saltando de um para o outro — e representada por um deslocamento sistemático do acento forte, de modo a configurar um esquema rítmico.

A novidade da música do brasileiro estava em que, tendo se baseado na percussão de danças de modelo africano cantadas à base de estrofe-refrão, como que reproduzia nas cordas da viola aquele ritmo quebrado que, nos batuques, sugeria aos dançantes o tremelicado de quadris modernamente chamado de rebolado.

A indicação precisa dessa característica rítmica crioulo-africana fora feita, por sinal, em fins do século XVII na Bahia pelo satírico Gregório de Matos Guerra quando, ao descrever a forma hierática com que os amigos de pagodeira dançavam a novidade portuguesa do arromba ("Saiu Temudo a bailar,/e Pedro, que é folgazão/bailou com pé, e com mão/ e o cu sempre num lugar"), definia sua estranheza nos versos:

> Pasmei eu da habilidade
> tão nova, e tão elegante,

> porque o cu sempre é dançante
> nos bailes desta cidade.[172]

E o poeta sabia do que falava, pois, tocador de viola, conhecia perfeitamente bem as peculiaridades rítmicas das danças locais, como demonstrava ao referir-se a ele mesmo em outros versos igualmente descritivos de "huma jornada, que fez ao Rio Vermelho com huns amigos":

> riu-se, falou-se fresco,
> e eu da viola empossada
> cantava como um quebrado,
> tangia como um crioulo,
> conversava como um tolo
> e ria como um danado.[173]

O impacto maior das novas modas brasileiras — principalmente a dos versos amorosos cantados em tom menor, e por sua languidez logo batizados de modinha — não estava tanto no ritmo em si, já conhecido nas ruas e teatros com o sucesso de danças de origem negra, como a fofa e o próprio lundu — mas no fato de Domingos Caldas Barbosa, protegido dos irmãos Conde de Pombeiro e do Marquês de Castelo Melhor, se apresentar com a sua viola nos salões da nobreza. Era, pois, num meio social desde 1750 saturado de ópera italiana (no qual, mesmo as modas novas musicais de sabor popular eram cantadas em dueto de vozes em terças ou sextas, propiciando vocalizações de estilo poli-

---

[172] "Segunda função que teve com alguns sugeytos na roça de hum amigo junto ao dique, onde tam bem se achou o celebrado alferes Themudo, e seu irmão o doutor Pedro de Mattos, que então andava molesto de sarnas", *in* Gregório de Matos, *Obras completas*, cit., vol. III, p. 591.

[173] "Descreve o poeta huma jornada, que fez ao Rio Vermelho com huns amigos, e todos os acontecimentos", *in* Gregório de Matos, *Obras completas*, cit., vol. III, p. 586.

fônico-contrapontista) que, ao iniciar-se a década de 1770, irrompia a curiosa figura do poeta-cantor brasileiro com a sua "moleza americana". Além da peculiaridade do cantar solo acompanhando-se à viola, o mulato brasileiro (por influência dos irmãos Vasconcelos metido em hábito e nomeado capelão da Casa da Suplicação) era autor dos versos que cantava, e também neste ponto inovava: ao contrário dos respeitosos da tradição de distanciamento poético acadêmico, Caldas Barbosa ousava dirigir-se diretamente às amadas com uma intimidade chocante para uma sociedade de costumes fundados na separação dos sexos. Tal particularidade, destinada a constituir mais uma característica da futura música de massa, seria logo posta em relevo e apresentada como algo que rompia com a tradição pelo erudito Antônio Ribeiro dos Santos (1745-1818), ao apontar não apenas a ação "prejudicial" do poeta-músico para a educação, mas "a tafularia do amor, a meiguice do Brazil, e em geral a molleza americana" dos seus versos:

> "Eu admiro a facilidade da sua veia, a riqueza das suas invenções, a variedade dos motivos que toma para os seus cantos, e o pico e graça dos estribilhos e retornellos com que os remata; mas detesto os seus assumptos e mais ainda, a maneira com que os trata e com que os canta."[174]

Tal como se depreende dessa crítica de um contemporâneo de boa classificação intelectual (Antônio Ribeiro dos Santos, doutor em Coimbra, frequentou outeiros e saraus onde, eventualmente, contribuía com suas quadrinhas),[175] o que o zeloso moralista

---

[174] Antônio Ribeiro dos Santos, Biblioteca Nacional de Lisboa, "Manuscritos", vol. 130, fls. 156.

[175] Na plaqueta de Marquês de Resende intitulada *Pintura de um outeiro nocturno e um sarão musical às portas de Lisboa no fim do século pas-*

condenava em Caldas eram os "assuntos", ou seja, os temas dos versos, não a novidade da sua música, em que reconhecia originalidade (a "riqueza de suas invenções"), graça provocante nos estribilhos e, até, a forma sugestivamente instigante com que os rematava.

Era por certo essa impressão de originalidade da música do mulato brasileiro que mais fascinaria também os estrangeiros em visita a Portugal, como aconteceria com o sensível *dilettante* inglês William Beckford. Em correspondência de 14 de junho de 1787, estando em Lisboa, Beckford contaria como, convidado por acenos a subir até os aposentos das irmãs Lacerda, damas de honor da rainha D. Maria I, no Terreiro do Paço, ouviu "duas elegantes meninas" gargantearem modinhas brasileiras acompanhadas por seu mestre de canto:

> "Os que nunca ouviram esta espécie original de música, ficarão ignorando as mais feiticeiras melodias, que têm existido desde o tempo dos sibaritas. Consistem elas em compassos lânguidos e cortados, como se o excesso de arroubamento nos suspendesse a respiração, e a nossa alma anelasse a alma soror dalgum objeto amado, insinuam-se no coração com uma descuidosa inocência, antes dele ter tempo de se armar contra a sua enervadora influência; imaginais estar bebendo leite, e o veneno da voluptuosidade é que vai penetrando nos mais fundos recessos do vosso ser!"[176]

---

sado (lida na primeira sessão literária do Grêmio Recreativo a 12 de dezembro de 1867, e editada em Lisboa na Tipografia da Academia Real das Ciências, 1868), o polígrafo Ribeiro dos Santos aparece oferecendo para glosa a quadra "Quanto importa, e quanto val/ Para o mal, e para o bem,/ Quem de seu um casal tem,/ Que viva no seu casal". A quadrinha foi glosada em décimas por João Xavier de Mattos (*op. cit.*, p. 24).

[176] *A Corte da Rainha D. Maria I — Correspondência de W. Beckford*, Lisboa, Livraria Editora Tavares Cordeiro & Irmão, 1901, p. 39.

A originalidade apontada por Beckford estaria com certeza no pormenor por ele ressaltado dos "compassos lânguidos e cortados", que denunciavam a presença das síncopas na linha melódica do canto, e certamente reproduzidas também no acompanhamento, como ele mesmo já notara ao destacar "o *stacatto* monótono das guitarras [violas]" no acompanhamento de vozes femininas que ouvira a cantar modinhas no dia 3 de junho de 1787 no palácio do Marquês de Marialva.

Era certamente a consciência dessa novidade incorporada por modinhas e lundus à nascente música dirigida às amplas camadas das cidades que levaria o geógrafo italiano Adrien Balbi (1782-1848) a afirmar em 1822 no item "Musica vocal e canto" do capítulo "Belas Artes" de seu *Ensaio estatístico do Reino de Portugal e Algarve*:

> "Os portugueses sobressaem num gênero de canto que chamam de *modinhas*. Trata-se de um tipo de canção cujo caráter todo particular a distingue das canções populares de quaisquer outras nações. As *modinhas*, sobretudo as *brasileiras*, são cheias de melodia e sentimento e, quando bem cantadas, penetram a alma de quem lhes compreende as palavras."[177]

Embora as modinhas e lundus divulgados por Domingos Caldas Barbosa guardassem certa semelhança — em caderno de um particular, do acervo da Biblioteca da Ajuda, aparecem vários lundus sob o título geral de *Modinhas do Brazil* —, essa ênfase sobre a dolência da melodia, através do sentido descendente do canto no modo menor, estava destinada não apenas a afastar a modinha dos lundus nos salões, mas a conduzi-la à perda progressiva das suas características originais pela aproximação com

---

[177] Adrien Balbi, *Essaie statistique sur le Royaume de Portugal et d'Algarve...*, Paris, Rey et Gravier, 1822, vol. II, p. CCXIII [213].

as árias das óperas. É que, com o sucesso da novidade lançada nos salões da Corte pelo mulato brasileiro, os músicos de escola portugueses, na maioria italianizados, entraram a compor modinhas em estilo erudito, que a partir de 1792 passaram a constituir o repertório preferido do *Jornal de Modinhas*, lançado em Lisboa pelo editor francês A. Marchal Milcent. Era o resultado natural da tendência para a valorização da melodia das modinhas, como bem observaria Frederico de Freitas em monografia para o congresso sobre arte em Portugal no século XVIII, em que escreveu:

> "Não comportando a modinha qualquer expressão coreográfica, isso foi fator de aprumo e compostura pessoal. Oferecia-se portanto à modinha a mesma atitude que nos salões se dava aos cantores que interpretavam o repertório operático, sendo corrente ouvir-se, nos serões, de mistura com cavatinas e árias de óperas, as suspirosas modinhas. Acompanhada ao cravo nos recatados e aristocráticos salões e até no paço — real e imperial —, a modinha foi igualmente querida da sociedade burguesa que a cantava também à viola ou até à guitarra, sem nunca perder o seu ar de menina-bem, esbelta e elegante a exibir uma raiz genealógica culta, quer musical quer poética."[178]

Foi essa verdadeira apropriação do gênero popular introduzido pelo poeta-compositor e tocador de viola brasileiro, por músicos da Corte e dos salões (logo transformados em fornecedores de material para o comércio dos impressores de música), o que

---

[178] Frederico de Freitas, "A modinha portuguesa e brasileira (alguns aspectos do seu particular interesse musical)", *in Bracara Augusta*, vol. XXVIII, nos 65-66 (77-78), Braga, 1974, pp. 435-6 (terceiro tomo das atas do congresso "A arte em Portugal no século XVIII").

levaria musicólogos e historiadores do futuro a pensar — ante a ausência de documentação anotada sobre a forma popular com que soavam as primeiras modinhas e lundus — ter-se dado "o caso absolutamente raríssimo duma forma erudita haver passado a popular", como propôs Mário de Andrade em seu estudo *Modinhas imperiais*, de 1930. Esse estudioso brasileiro, após formular a sua hipótese baseado em música impressa em Portugal desde o século XVIII, e no Brasil a partir do século XIX (quando modinhas e lundus constituíam exatamente os dois gêneros de música cantada mais populares em todo o país), não apenas comprovaria que "a proveniência erudita europeia da Modinha é incontestável", mas, diante da contradição entre o caráter do material consultado e a realidade do gosto popular, responderia à sua própria pergunta sobre a possibilidade "raríssima" de a forma erudita ter antecedido a popular concluindo: "Pois com a Modinha parece que o fenômeno se deu".[179]

Bastaria, no entanto, quer ao competente Mário de Andrade, quer aos que lhe seguiram a trilha em Portugal e no Brasil, um maior conhecimento de fontes contemporâneas dos fatos — como depoimentos e comentários de visitantes estrangeiros, por exemplo — para compreender como se deu esse perturbador processo de eruditização da modinha e do lundu populares setecentistas.

Depoimento exemplar, neste sentido de mostrar como acontece a passagem das modinhas brasileiras de Domingos Caldas Barbosa para as italianizadas dos portugueses Marcos Portugal, José Cabral Mendonça ou Antônio da Silva Leite, iniciada em fins do século XVIII, para culminar na segunda década de Oitocentos, seria o de Marianne Baillie, escrito em Lisboa em vésperas do seu regresso à Inglaterra, em meados de 1823. Depois de contar ter passado a tarde a tocar viola no estilo rasgado espanhol (que opunha ao melódico do "Portuguese romance"), lamentava Ma-

---

[179] Mário de Andrade, *Modinhas imperiais*, São Paulo, Martins Editora, 1964, p. 8.

rianne Baillie: "no entanto as senhoras de ambos os países [Portugal e Espanha] parecem mais predispostas a trocar a suavidade de suas modinhas locais pelo animado brilhantismo da música de Rossini".[180]

Era a precisa indicação da mesma tendência sociocultural que, menos de meio século depois, se repetiria entre a mesma elite burguesa-cortesã de Lisboa com a transformação do fado popular em canção de salão: o desejo de "enobrecimento" da criação das baixas camadas por sua "elevação" aos signos da arte erudita, e que, no fundo, encobria o propósito de ascensão social dessas camadas urbanas emergentes do processo capitalista-burguês da economia.

Tal atitude das camadas mais altas de progressivo distanciamento da criação popular é que geraria, pois, a dupla realidade musical destinada no futuro a confundir os estudiosos, embora eventualmente detectada por ensaístas atentos, como a autora do pequeno estudo "Os estrangeiros e a música no cotidiano lisboeta em finais do século XVIII", Dulce Brito, que anotou: "Geralmente o que se cantam são árias italianas, em casas frequentadas por visitas mais prestigiadas socialmente e modinhas cantadas em casa de portugueses ou brasileiros, mais modestos".[181]

Apesar de, ante tal quadro de diversidade sociocultural, só ter ficado registro, em notação musical, da produção ao gosto das

---

[180] Marianne Baillie, *Lisbon in the Years 1821, 1822 and 1823*, Londres, 2ª edição em dois volumes, MDCCCXXV [1825]. Entre suas últimas visitas aos amigos, ouviu na casa de um maestro da Capela Real, próximo do Tejo, uma modinha brasileira que este tocou (não revela em que instrumento) com um coro formado pelas vozes de seus escravos pretos domésticos, chamados a sala para tal: "Que coisa mais patriarcal, tudo isto!", conclui a inglesa, sem comentar, infelizmente, qualquer particularidade acerca da interpretação da modinha.

[181] Dulce Brito, "Os estrangeiros e a música no cotidiano lisboeta em finais do século XVIII", *Revista Portuguesa de Musicologia*, vol. 1, nº 1, Lisboa, Instituição Nacional de Investigação Científica, 1991, p. 77.

camadas mais altas, salvas para a posteridade pela impressão em coleções do tipo *Jornal de Modinhas* (editado de 1792 a 1795), as modinhas e lundus populares brasileiros revelados aos europeus por Domingos Caldas Barbosa nunca deixaram de ser cultivados entre o povo até o século XX, conforme informações — embora raras e, às vezes, indiretas — encontradas na literatura de cordel e na memória coletiva levantada por pesquisadores do folclore.

20.
CALDAS BARBOSA E A *VIOLA DE LERENO*

Imaginar uma cultura musical refinada para o mulato Domingos Caldas Barbosa, filho de comerciante português e de uma negra de Angola (não se sabe se nascido no mar, vindo os pais da África, se no Rio de Janeiro), aluno em criança da escola de jesuítas e, jovem, soldado na conturbada Colônia do Sacramento (disputada aos espanhóis no Sul do Brasil), não deixa de constituir contradição a todas as evidências. E somado o fato de o instrumento único do poeta-compositor ter sido o mais popular de seu tempo — a viola de cordas de arame, boa para o toque de rasgado, mas pobre para os arpejos[182] — parece não restar mais que o ridículo à identificação de suas modinhas e lundus com música de ópera.

Tal ideia da origem erudita da modinha, segundo demonstra a bibliografia corrente sobre o tema, desde *Modinhas imperiais*, de Mário de Andrade, de 1930, às *Modinhas do passado*, de Batista Siqueira, de 1956, e *A modinha e o lundu no século XVIII*, de Mozart de Araújo, de 1963, baseia-se num equívoco comum: apoiar-se apenas na análise de música impressa, invariavelmente devida a compositores eruditos ou a copistas de casas

---

[182] A observação é do maestro Batista Siqueira, ao escrever no capítulo "Viola de arame" de seu *Modinhas do passado: investigações folclorísticas e artísticas* (Rio de Janeiro, edição do autor, 1956): "A viola é um instrumento para solos curtos e rasgados, oferecendo parcos recursos (pelo menos até agora) no tocante aos arpejos. Não é pois instrumento para a harmonia de acompanhamento" (*op. cit.*, p. 60).

impressoras preocupados em "corrigir" e adaptar as criações populares às normas da música culta.

A realidade social do tempo em que o mulato brasileiro tocador de viola irrompe na corte de D. Maria I com a novidade de suas modinhas e lundus, para durante vinte anos estender, ao lado do teatro de entremezes, a primeira ponte cultural entre as criações do povo e as camadas mais altas da cidade, foi em verdade muito mais rica do que a história tem dado até hoje a conhecer.

Numa época aberta à aceitação de modas novas e de atração pelo exótico (o inglês Beckford notava na Lisboa de 1787 que o "grande tom, agora, na Corte, é andar rodeado de favoritas africanas, tanto mais estimadas quanto mais hediondas, e enfeitá-las o mais ricamente possível",[183] o sucesso de Domingos Caldas Barbosa só poderia ser explicado exatamente pelo fato de a sua música constituir algo original e diferente daquilo a que o público dos salões estava acostumado a ouvir.

A existência desse sentimento de estranheza em relação a Caldas Barbosa pode ser comprovado pela ironia de poetas contemporâneos em face de tal tocador de viola e fazedor de versos chegado da colônia, desde logo denotadora da inveja pelo sucesso do competidor nos salões. É que todos tomavam sempre como tema de suas sátiras não o que os versos do outro traziam de novo, mas o que o tornava pessoalmente diferente: a cor da pele, a origem colonial e a vulgaridade (no sentido de identificação com o popular) de sua música tocada à viola.

Na verdade, a mais antiga referência à novidade das modinhas introduzidas em Portugal pelo mulato brasileiro, a *Sátira, oferecida a D. Martinho de Almeida, no ano de 1779*, do poeta Nicolau Tolentino de Almeida, salientava nos versos que descreviam "certa assembleia" familiar tipicamente burguesa o caráter nada nobre de tal tipo de canção:

---

[183] *A Corte da Rainha D. Maria I — Correspondência de W. Beckford*, cit., p. 165.

Pouco às filhas falarei;
São feias, e mal criadas;
Mas sempre conseguirei,
Que cantem desafinadas
"De saudades morrerei":

Cantada a vulgar modinha
Que é dominante agora,
Sai a moça da cozinha,
E diante da senhora
Vem desdobrar a banquinha.[184]

Alguns anos depois, o próprio Nicolau Tolentino (1741--1811), em nova sátira intitulada *A função*, escrita em seus últimos anos ("Já a velhice pesada/ Te encheu de rugas a testa"), se encarregaria de reforçar essa ideia da simplicidade harmônica no acompanhamento das modinhas entre os participantes de uma merenda numa quinta, ao anotar, muito significativamente:

Já d'entre as verdes murteiras,
Em suavíssimos acentos,
Com segundas e primeiras,
Sobem nas asas dos ventos
As modinhas brasileiras.[185]

Era a referência mais clara possível a uma melodia tão leve (seus "suavíssimos acentos" subiam "nas asas dos ventos") e tão simples que, apenas com dois acordes, de primeiro e quinto graus ("com segundas e primeiras") se resolvia harmonicamente.

---

[184] *Obras completas de Nicolau Tolentino de Almeida*, Lisboa, Editores Castro, Irmão & Cia., 1861, p. 241.

[185] *Obras completas de Nicolau Tolentino de Almeida*, cit., p. 251.

Ora, ia ser para esse tipo de cantiga, considerada vulgar no duplo sentido de coisa do povo e de novidade muito vulgarizada ("... é dominante agora"), que Domingos Caldas Barbosa ia criar versos também quase triviais, mas de uma expressividade coloquial que explicava o encanto dos europeus ante tal chulice destinada a tornar antiquados todos os gêneros do "Portugal velho". Linguagem tão atrevidamente nova, aliás, que não hesitava ante o emprego de onomatopeias realmente difíceis de imaginar em versos de alguma pretensão cultista:

> Coração, que tens com Lília?
> Desde que seus olhos vi,
> Pulas, e bates no peito,
> Tape tape, tipe ti:
>
> Coração não gostes dela
> Que ela não gosta de ti.[186]

Originalidade de sabor popular cuja superioridade o próprio poeta-compositor tocador de viola proclamava no estribilho de seu "Lundum em louvor de uma brasileira adotiva":

> Ai rum rum
> Vence fandangos e gigas
> A chulice do lundum.[187]

A própria chulice, no caso do poeta, em parte se explicava pelo fato de, músico boêmio, ter sido obrigado a viver durante

---

[186] *Viola de Lereno*, por Domingos Caldas Barbosa, Rio de Janeiro, Imprensa Nacional/INL, 1944. Cantiga "Coração não gostes dela,/ Que ela não gosta de ti", à p. 93 do 1º vol.

[187] "Lundum em louvor de uma brasileira adotiva", *in Viola de Lereno*, cit., 2º vol. p. 51.

As origens da canção urbana

certo tempo, no Brasil, a dura experiência de soldado sem vocação, entre gente da ralé:

> Tan, tan, tan, tan Zabumba
> Bela vida militar;
> Defender o Rei e a Pátria
> E depois rir, e folgar.[188]

Pois foi exatamente o sucesso dessa chulice, tão bem aceito por seu rompimento poético com os modelos clássicos, o que expôs Domingos Caldas Barbosa à reprimenda dos conservadores da boa moral tradicional e à ira invejosa de alguns dos mais renomados poetas do tempo. Ao severo Ribeiro dos Santos, por exemplo, incomodava o fato de moços e moças, influenciados pelos versos do brasileiro, desprezarem as velhas "cantilenas" que "inspiravam ânimo e valor", para cantarem agora "cantigas de amor tão descompostas" que, ao ouvi-las — afirmava — "coro de pejo como se me achasse de repente em bordéis, ou com mulheres de má fazenda". E para que não restasse dúvida quanto à identificação do responsável por tal mudança, acrescentava, opondo a nova música à antiga:

> "Hoje, pelo contrário, só se ouvem cantigas amorosas de suspiros, requebros, de namoros refinados, de garridices. Isto é com que embalam as crianças, o que ensinam aos meninos; o que cantam os moços, e o que trazem na boca donas e donzelas. Que grandes máximas de modéstia, de temperança e de virtude se aprendem nestas canções.

---

[188] "Zabumba", *in Viola de Lereno*, por Domingos Caldas Barbosa, cit., 1º vol., p. 31.

Esta praga é hoje geral depois que o Caldas começou de pôr em uso os seus rimances, e de versejar para as mulheres."[189]

Os poetas satíricos, representados pelo maior de todos, Bocage, não podendo atacar o bem-sucedido brasileiro por esse ângulo da deseducação, dado o caráter dos seus próprios versos, procuravam atingi-lo pela humildade da extração (que o próprio poeta, aliás, não escondia ao cantar "Eu sou Lereno/ De baixo estado,/ Choça nem gado/ Dar poderei"[190]) e pela circunstância da pele escura, por ser filho de negra. Aliás, não deixa de ser revelador, no sentido do incômodo representado pela presença do mestiço plebeu da colônia nos salões da intelectualidade aristocrático-burguesa de Lisboa, o fato de Bocage ter dedicado nada menos que cinco sonetos à figura de Domingos Caldas Barbosa, todos subordinados a essa ideia de invasão indevida do círculo das letras por parte de alguém vindo "de fora". E isso acrescido da circunstância, igualmente incômoda para a vaidade dos donos das boas letras da metrópole, de o invasor tão diferente dos mais pela cor da pele, acrescentar à ousadia de compor versos tão originais a virtude de os cantar à viola, segundo um ritmo novo que encantava o público. Para Bocage, o aparecimento de Domingos Caldas Barbosa "entre os Lusos" equivalia ao de um "animal sem rabo" a pretender-se "modelo e cabo" dos "versistas" locais:

Lembrou-se no Brasil bruxa insolente
De armar ao pobre mundo estranha peta:

---

[189] Antônio Ribeiro dos Santos, "Manuscritos", cit., fls. 156. Em seu livro *Domingos Caldas Barbosa: o poeta da viola, da modinha e do lundu* (São Paulo, Editora 34, 2004), o autor aprofunda o exame dessa declaração de Ribeiro dos Santos.

[190] "Declaração de Lereno", *in Viola de Lereno*, por Domingos Caldas Barbosa, cit., 1º vol., p. 164.

Procura um mono, que infernal careta
Lhe faz de longe, e lhe arreganha o dente.

Pilhando-o por mercê do Averno ardente,
Conserva-lhe as feições na face preta;
Corta-lhe a cauda, veste-o de roupeta,
E os guinchos lhe converte em voz de gente;

Deixa-lhe os calos, deixa-lhe a catinga.
Eis entre os Lusos o animal sem rabo,
Prole se aclama da rainha Ginga.

Dos versistas se diz modelo e cabo;
A sua alta ciência é a mandinga,
O seu benigno Apoio é o Diabo.[191]

Para o meio letrado de Lisboa, o advento do mulato tocador de viola, versejador e compositor das novas modas dos lundus e modinhas brasileiras, configurava de fato uma inesperada invasão do Parnaso branco-europeu, que, antes da inveja, certamente provocou apenas riso, como ainda indicava Bocage:

Por casa Febo entrou co'um vil bugio;
As Musas o animal não conheciam,
E fugindo assustadas do que viam,
Foi de ventas a terra a pobre Clio.

"Não fujam! Venham cá!... Não é bravio"
Gritava o Deus; e as manas, que tremiam,
Todas por uma voz lhe respondiam:
"Ai! que bicho tão feio!... Ai! não me fio!..."

---

[191] *Líricos e sátiras de Bocage*, nº 35 da Coleção Portugal, organizada por Joaquim Ferreira, Porto, Editorial Domingos Barreira, s/d, p. 183.

"Qual feio? (acode Apolo). E mui galante;
E na figura, e gestos, dá mil provas
De ser em parte aos homens semelhante."

"Caldas o nomeei; com graças novas
Faz-me estalar de riso a cada instante,
E em premio lhe concedo o dom das trovas."[192]

Acontece que, como boa parte das "graças novas" do mulato brasileiro se devia, afinal, a esse fato reconhecido de possuir "o dom das trovas", a sua atuação não ficaria por muito tempo apenas a provocar risos, mas — graças à proteção do Conde de Pombeiro — se estenderia a realizações práticas, como a da organização de um núcleo de poetas dispostos a continuar a tradição da Arcádia Lusitana ou Ulissiponense (que de 1756 a 1786 procurara reviver em meio burguês o ideal grego do cultivo amigável de música e poesia). Criada com o nome de Nova Arcádia em 1790, sob o patrocínio do Conde de Pombeiro, as reuniões da nova entidade — às vezes chamada de Academia de Belas-Artes de Lisboa — realizavam-se às quartas-feiras nas dependências do palácio ocupadas pelo protegido do conde, Domingos Caldas Barbosa. E assim, para fazer as honras da casa, era exatamente o mulato brasileiro quem se encarregava de fornecer aos poetas (às vezes famintos não apenas de poesia, como seria o caso de José Agostinho de Macedo, depois de expulso do convento, em 1792),[193] os comes e bebes que animavam o cenáculo, também descrito por Bocage:

---

[192] *Líricas e sátiras de Bocage*, cit., p. 187.

[193] Segundo informação obtida pessoalmente por Inocêncio Francisco da Silva (autor do *Dicionário bibliográfico português*) em suas *Memórias para a vida íntima de José Agostinho de Macedo*, publicadas postumamente em 1892, por iniciativa de Teófilo Braga, na Tipografia da Academia Real das Ciências de Lisboa, teria sido Domingos Caldas Barbosa quem, genero-

Não tendo que fazer Apolo, um dia,
Às Musas disse: "Irmãs, é benefício
Vadios empregar; démos ofício
Aos sócios vãos da magra Academia;

O Caldas satisfaça a padaria;
O França de enjoar tenha exercício,
O autor do entremez do rei egípcio
O Pégaso veloz conduz à pia.

Vá na Ulisséia tasquinhar o ex-frade,
Da sala o Quintanilha acenda as velas,
Em se juntando alguma sociedade.

---

samente, interferiu para que o recém-expulso frade Agostinho de Macedo, o Elmiro Tagideu da Nova Arcádia, obtivesse o posto de amanuense no periódico mensal *Jornal Enciclopédico*: "e os seus editores comovidos da penúria em que viam José Agostinho, ou cedendo (como alguém nos afirmou) às instâncias do beneficiado Caldas, que por ele se interessava, vieram em seu auxílio, resolvendo admiti-lo ao serviço daquela empresa na qualidade de amanuense, mediante um estipêndio, que é de supor não passaria além dos limites da restrita mediocridade" (*Memórias para a vida íntima de José Agostinho de Macedo*, cit., p. 33). O gesto generoso de Caldas Barbosa não impediu Agostinho de Macedo, como Bocage denunciaria mais tarde em sua sátira *Pena de Talião* (em resposta à "Sátira a Manuel Barbosa du Bocage" do ex-frade, de 1801), de ingratamente voltar-se contra Lereno chamando-o de "papagaio", depois de por tanto tempo ter almoçado "a expensas do coitado orangotango": "Chamaste grande, harmónico a Lereno,/ Ao fusco trovador, que em papagaio/ Converteste depois, havendo impado/ Com tabernal chanfana, alarve almoço,/ A expensas do coitado orangotango,/ Que uma serpe engordou, cevando Elmiro" (o nome arcádico de Agostinho de Macedo era Elmiro Olino). Bocage ainda reforça sua repulsa à ingratidão do ex-frade ao colega Caldas Barbosa em nota explicativa de sua sátira, em que escreve: "Metamorfose de Lereno em papagaio, no tempo em que Elmiro almoçava com ele, e dele: ação que advoga pela moral do clérigo-pregador, tão supérfluo como os insetos".

> Bernardo nénias faça, e roa nelas;
> E Belmiro, por ter habilidade,
> Como de antes, trabalhe em bagatelas."[194]

Talvez exatamente por essa condição de hospedeiro a ele delegada pelo anfitrião dono da casa, Conde de Pombeiro, cabia a Domingos Caldas Barbosa a presidência das reuniões, que o ex-comensal Bocage — após afastamento do grupo por mau gênio e agressividade — assim desenharia com humor, confirmando o papel de liderança do mulato brasileiro na Nova Arcádia:

> Preside o neto da rainha Ginga
> A corja vil, aduladora insana;
> Trás sujo moço amostras de chanfana,
> Em copos desiguais se esgota a pinga,
>
> Vem pão, manteiga e chá, tudo à catinga,
> Masca farinha a turba americana;
> E o orangotango a corda à banza abana,
> Com gestos e visagens de mandinga.
>
> Um bando de comparsas logo acode
> Do fofo Conde, ao novo Talaveiras;
> Improvisa berrando o rouco bode.
>
> Aplaudem de contínuo as frioleiras
> Belmiro em ditirambo, o ex-frade em ode,
> Eis aqui do Lereno as quartas-feiras.[195]

---

[194] *Líricas e sátiras de Bocage*, cit., p. 182.

[195] *Líricas e sátiras de Bocage*, cit., p. 181.

O dado importante fornecido por Bocage nesse soneto satírico é o de que as sessões semanais da Nova Arcádia, que funcionou de 1790 a 1793, eram animadas não apenas, como de praxe, pela recitação dos versos dos árcades, mas pelas cantorias do seu presidente, acompanhando-se à viola ("a corda à banza abana"). E, ao indicar a existência de um público formado por convidados do anfitrião ("Um bando de comparsas logo acode/ Do fofo Conde") aponta especialmente entre estes a presença de membros da colônia brasileira em Lisboa ("Masca farinha a turba americana"), o que devia conferir caráter todo especial ao clima musical de modinhas e lundus cantados em contraponto à leitura de ditirambos de Curvo Semedo (Belmiro Transtagano) e odes do ex-frade José Agostinho de Macedo (Elmiro Tagideu).

A polêmica entre o poeta satírico Bocage e seus antigos companheiros da Nova Arcádia contribuiria, aliás, com outras informações, para a história da vida literária portuguesa no século XVIII, inclusive porque não se resumiria à troca de ironias e insultos entre os envolvidos nas verrinas, mas acabaria por atrair a participação de outros poetas, dispostos a formar de um e outro lado. E entre os que tomaram o partido de Bocage estaria o autor de um soneto que vinha demonstrar a inegável popularidade do brasileiro Domingos Caldas Barbosa: o poeta anônimo incentivava o grande satírico a continuar a "vergalhada tesa", mas pedia que poupasse "Lereno, que é homem de juízo,/ por muitos versos cheios de beleza":

> Deixa, insigne Bocage, insulsos vates,
> Que o zelo teu à guerra desafia:
> Brutos são, desconhecem poesia,
> Com as armas de Apolo em vão combates.
>
> Por mais que em corrigi-los te dilates
> Fruto só tirarás dessa porfia,
> Conduzindo-os à alta enfermaria
> Da piedosa casa dos orates.

A Lereno que é homem de juízo,
Por muitos versos, cheios de beleza,
Perdoa, se não gostas de improviso.

O egípcio entremez ele despreza;
Nos outros, sócio Elmano, é que é preciso
Palhas, dieta, e vergalhada tesa.[196]

O anônimo defensor do brasileiro Lereno talvez tenha pedido demais ao vaidoso Bocage, pois o que este — geralmente aplaudido por suas prontas respostas — não perdoava com certeza no antigo colega da Nova Arcádia era o seu talento especial para os versos de improviso, compostos além do mais no calor do seu cantar à viola. Versos espontâneos que, por sinal, deviam apresentar alguma qualidade, pois seriam julgados dignos de publicação, conforme revela Adrien Baldi ao registrar em seus *Quadros bibliográficos das obras publicadas em Portugal de 1800 a 1820*, a edição, em 1806, na área da Poesia, de uma *Viola de Lereno, ou Coleção de improvisos e cantigas de Domingos Caldas Barbosa, 6 números, ano 1806*.[197]

Ironicamente, a edição dos improvisos do tão maltratado mulato brasileiro, falecido em 1800, vinha de forma simbólica

---

[196] *Líricas e sátiras de Bocage*, cit., p. 186. Em seu *Bocage* (de 1936, com 2ª edição em 1965 pela Editorial Presença), Ernani Cidade incorre no equívoco de dar o soneto como de autoria do próprio Bocage.

[197] Adrien Balbi, *Essai statistique sur le Royaume de Portugal et d'Algarve...*, cit., 2º vol. p. CCLXVI [266]. A edição, da qual não se conhece um único exemplar (o estudioso da bibliografia Rubens Borba Filho duvidava de sua publicação, apesar de referida nos dicionários de Inocêncio e Sacramento Blake), difere das demais, a acreditar em Balbi, pois todas as edições conhecidas registram *Viola de Lereno: Collecção de suas cantigas, offerecidas aos seus amigos*, e não *Viola de Lereno, ou, Collecção de improvizos, e cantigas de Domingos Caldas Barbosa*, como aparece no *Essai statistique*. A referência a "seis números" deve-se ao fato de as edições em livro da *Viola de Lereno* constituírem a reunião de folhetos avulsos, numerados.

reavivar a lembrança do poeta-compositor Lereno — nome escolhido em lembrança de Francisco Rodrigues Lobo (1580-1622), o "Lereno pastoral" autor das *Éclogas* reabilitadoras das redondilhas populares portuguesas — poucos meses após a morte de Bocage, a 21 de dezembro de 1805. Era o início do julgamento da História contra o preconceito dos que, como o poeta Bocage, não enxergaram em Caldas Barbosa mais que "um cafre", não lhe perdoando, por animal vindo da colônia, o "querer meter nariz em cu de gente":

> Nojenta prole da rainha Ginga
> Sabujo lavrador, cara de nico,
> Loquaz saguim, burlesco Teodorico,
> Osga torrada, estúpido rezinga;
>
> E não te acuso de poeta pingue.
> Tens lido o mestre Inácio, e o bom Supico;
> De ocas ideias tens o casco rico,
> Mas teus versos tresandam a catinga:
>
> Se a tua musa nos outeiros campa,
> Se ao Miranda fizeste ode demente,
> E o mais, que o mundo estólido se encampa:
>
> É porque sendo, oh Caldas, tão somente
> Um cafre, um gozo, um néscio, um parvo, um trampa,
> Queres meter nariz em cu de gente.[198]

Em seus dois versos finais Bocage resumia, de fato, todo o sentimento corporativo que inspirava as suas sátiras: o que tan-

---

[198] Bocage, *Poesias eróticas, burlescas e satíricas*, Bruxelas, MDCCC LXXXVII [1887], soneto XVIII, p. 126.

to ele quanto outros componentes da intelectualidade da metrópole não admitiam no improvisador de trovas cantadas vindo da colônia (e nem tão mau, pois o próprio rival não o acusava de "poeta pingue", ou sem recursos), não era o fato de ser um arrivista, já que havia outros brasileiros bem recebidos em sua roda, como Tomás Antônio Gonzaga, Basílio da Gama e Santa Rita Durão, mas de propor algo popular e diferente. E, assim, ante o incômodo daquela diferença traduzida em originalidade, para não revelar o verdadeiro motivo da inveja, os satíricos amparavam-se no pressuposto da superioridade étnica, e apontavam no poeta Caldas a diferença da cor da pele. E a prova de que a idiossincrasia contra Domingos Caldas Barbosa usava apenas como disfarce a apontada estranheza da sua figura de mulato, e não às circunstâncias sociais, por exemplo, era o respeito demonstrado pelos poetas portugueses por outro colega marcado, tal como o brasileiro, pelos mesmos azares do nascimento. Ninguém mais respeitado pela intelectualidade que ridicularizava Caldas Barbosa do que Francisco Manuel do Nascimento, o Filinto Elísio (1734-1819): tal como o brasileiro nascido fora do casamento — resultara de amores de beira de cais de um fragateiro do Tejo com uma varina —, também como o outro o revestiram de roupeta; e se Lereno era capelão da Casa da Suplicação, Filinto tinha sinecura na tesouraria da Igreja das Chagas. A diferença entre ambos só podia, pois, estar em que, enquanto no português leitor de Horácio se admiravam os versos castigados por influência do latim, no brasileiro não se podia aceitar o atrevido tom anacreôntico com que cantava, trocando popularmente em miúdos o eros grego: "Nhanhá eu digo a você/ Diga-me você a mim,/ Estou morrendo de Amor/ Estará você assim?".[199]

---

[199] "Lundum de cantigas vagas", in *Viola de Lereno*, por Domingos Caldas Barbosa, Rio de Janeiro, INL/Imprensa Nacional, 1944, 2º vol., p. 123.

Seria, pois, em nome apenas daqueles privilégios corporativos da intelectualidade metropolitana que o próprio poeta Filinto Elísio se acharia autorizado a satirizar o "Cantarino Caldas" quando, na verdade, invejava ter alguém chamado o rival de "Anacreonte luso":

> Os versinhos anões e anãs Nerinas
> Do Cantarino Caldas, a quem parvos
> Põem a alcunha de Anacreonte luso,
> E a quem melhor de Anacreonte fulo
> Cabe o nome; pois tanto ao fulo Caldas
> Imita Anacreonte em versos, quanto
> Negro peru na alvura ao branco cisne.[200]

Na verdade, o fulo tocador de viola improvisador de trovas de modinhas e lundus — que para além de comparado em seu tempo a Anacreonte pelo estilo dos versos, ainda seria no futuro risivelmente identificado com operistas italianos pela música — talvez tenha conseguido mais do que os grandes exatamente pela fidelidade à sua simplicidade: "Eu sou Lereno/ De baixo estado,/ Choça nem gado/ Dar poderei".[201] Numa espécie de prêmio da História, quase um século depois da sua morte em Portugal, em 1800, quando no Brasil o estudioso Sílvio Romero percorreu o interior do Nordeste em investigações para o livro *Cantos populares do Brasil*, publicado em 1883, foram várias as modinhas de Lereno que ouviu de informantes do povo humilde, transmitidas como cantigas do repertório tradicional: "Quando em algumas províncias do Norte coligi grande cópia de canções populares,

---

[200] *Apud* Francisco de Assis Barbosa, em notícia introdutória à edição da *Viola de Lereno* de 1944 (Rio de Janeiro, INL/Imprensa Nacional): "Felinto Elísio dedicou-lhe esta estrofe desaforada" (versos citados à p. XIX do 1º volume).

[201] *Viola de Lereno*, cit., 1º vol., p. 164.

repetidas vezes colhi canções de Caldas Barbosa como anônimas, repetidas por analfabetos".[202]

E era a comprovação dessa inesperada sobrevivência de muitas das modinhas setecentistas que levaria ainda o mesmo Sílvio Romero, na sua *História da literatura brasileira*, de 1888, a concluir com toda a propriedade:

> "O poeta teve a consagração da popularidade. Não falo dessa que adquiriu em Lisboa, assistindo a festas e improvisando na *viola*. Refiro-me a uma popularidade mais vasta e mais justa. Quase todas as *cantigas* de Lereno correm na boca do povo, nas classes plebeias, truncadas ou ampliadas."[203]

---

[202] Sílvio Romero, *História da literatura brasileira*, Rio de Janeiro, Garnier, 1888. A citação é da 3ª edição aumentada (organizada e prefaciada por Nelson Romero), Rio de Janeiro, José Olympio, 1943, tomo II, p. 147. Sílvio Romeno escreve ainda que "como homem do povo, ele [Caldas Barbosa] poetava como o povo, no seu estilo, a seu modo" (p. 148).

[203] Sílvio Romero, *História da literatura brasileira*, cit., tomo II, p. 147.

21.
MODINHA BRASILEIRA:
ENFIM, UMA CANÇÃO POPULAR

A atribuição de origem erudita às modinhas, sugerida, como se viu, pela análise apenas de música impressa em época dominada pela ópera italiana, além de não levar em conta a origem plebeia do seu lançador em Portugal, o mulato tocador de viola Lereno, tem desprezado até hoje um pormenor fundamental: a de saber se, afinal, tal canção "a duo" italianizada dos salões chegou a ser cantada a solo nos meios do povo, como autêntica música popular.

Na verdade, em toda a bibliografia existente no Brasil e em Portugal sobre a criação da modinha e da sua então quase variante, o lundu-canção setecentista, tal pergunta não chega sequer a ser posta, como se todos os musicólogos e historiadores da música concordassem em que as novidades levadas do Brasil se restringiram a criações para divertimento de salões das elites aristocrático-burguesas da era do absolutismo.

Embora a pobreza de fontes para a história da vida popular em geral possa justificar tal omissão, ainda assim uma leitura atenta das informações mais citadas pelos investigadores da cultura das altas camadas poderia oferecer algumas surpresas. O misterioso inglês A.P.D.G., por exemplo, que residiu em Portugal de 1793 a 1804, visitou o Rio de Janeiro em 1808 durante a regência do príncipe D. João e em 1809 voltou a Lisboa aí permanecendo até 1825, ao referir-se às "Diversões portuguesas" no seu livro *Sketches of Portuguese Life*, traçou o perfil de um intérprete de modinhas português que já aparecia como um autêntico compositor-cantor profissional de música popular de moderno estilo. O músico chamava-se Vidigal e, segundo A.P.D.G., poderia ter conseguido fortuna com seu talento pelo entusiasmo que despertava entre o público das grandes famílias, não fora o seu gênio irritadiço, que descrevia:

> "Não importava o ambiente ao qual comparecesse como profissional, perdia a calma se não se fizesse o mais absoluto silêncio na sala, sendo comum levantar-se numa explosão de fúria e sair chamando a todos de mal-educados."

E ajuntava um exemplo, para ilustrar o que dizia:

> "Certa vez, uma moça que comparecera resfriada a uma das suas audições, apesar de todo o esforço, não conseguiu em dado momento conter a tosse, o que bastou para o Vidigal, mesmo sabendo o motivo do barulho, levantar-se com raiva, fazer a viola em pedaços no encosto da cadeira, e sair resmungando."[204]

Tal descrição da figura desse Vidigal seria suficiente para depreender não se tratar, por certo, de qualquer amador pertencente às camadas mais educadas, mas de algum tocador do povo admitido nos salões na qualidade de cantor-compositor de talento, e cujo serviço músico se pagava, como deixa claro a conclusão de A.P.D.G., referindo-se ainda aos maus modos do artista: "Tal tipo de atitude levou a seu afastamento das boas salas, acabando por viver de pequenas apresentações pagas, quase sempre, aliás, muito concorridas".[205]

Ora, se a perda do público das melhores salas levou Vidigal — que Pinto de Carvalho, o Tinop, identificaria na sua *História*

---

[204] A.P.D.G., *Sketches of Portuguese Life, Manners, Costume, and Character*, Londres, 1826, pp. 221-2.

[205] A.P.D.G., *Sketches of Portuguese Life...*, cit., p. 222.

do fado como sendo Francisco Vidal Negreiros — a apresentar-se ante gente burguesa de camadas mais baixas, a continuação do seu sucesso só poderia indicar que as modinhas por ele cantadas a solo, acompanhando-se à viola (como também fazia o brasileiro Domingos Caldas Barbosa), nada tinha a ver com as requintadas peças para canto a duo feitas imprimir por compositores de escola em coleções do tipo do *Jornal de Modinhas* do francês Milcent. E isso o próprio autor inglês permite comprovar, através da citação da modinha do Vidigal intitulada "Cruel saudade", que afortunadamente transcreveu em seu livro, com letra e música:

> Cruel saudade
> de meus amores
> que de dissabor
> me faz viver
> milhor me fôra — *bis*
> antes morrer — *bis*

Tal como o próprio A.P.D.G. chamava a atenção, lá estava nessa "Cruel saudade" o "clima de ternura e melancolia" garantido pelo emprego do modo menor, em que "letra e música partiam de um estribilho ao qual se prendia tudo o mais".[206] E isso cantado com acompanhamento clássico, caracterizado pela cadência tonal do primeiro, quarto e quinto graus, e — como a configurar a característica europeia do português Vidigal — sem a sincopação rítmica das modinhas do brasileiro Lereno.

Quando cantadas em dueto, com recursos vocais no estilo lírico, as modinhas e lundus-canções brasileiros lançados em Lisboa a partir da década de 1770 deviam realmente parecer-se muito, mas mesmo nesses casos — como demonstram os exemplos

---

[206] A.P.D.G., *Sketches of Portuguese Life...*, cit., anotação em pauta musical ocupando página inteira, não numerada.

do caderno das *Modinhas do Brazil*, catalogado na Biblioteca da Ajuda em 1963 por Mariana Amélia Machado Santos —, já aí repontava nas de origem brasileira a diferença fundamental do emprego repetido das síncopas, como observaria o professor Gerard Béhague em sua análise daquelas peças:

> "Embora sejam todas modinhas 'a duo' com tendência a manter relação silábica com o texto no acompanhamento, apresentam, no conjunto, sincopado sistemático na linha de canto, que talvez explique o chamado estilo 'vulgar' das modinhas."[207]

Síncopas características no primeiro compasso que, aliás, em muitos casos, não se limitariam à melodia mas, como observariam mais tarde os estudiosos da modinha e do lundu no Brasil, Mário de Andrade (1893-1945) nas décadas de 1930 e 1940, e Bruno Kiefer (1923-1987) na década de 1970, projetavam-se no acompanhamento, revelando desde logo a persistência das características originais nos dois gêneros, após um século de evolução. Era o que Mário de Andrade ia mostrar reportando o fenômeno aos ritmos africanos ("... não só a síncopa é a célula rítmica constitucional absoluta como assume a função de uma entidade de acento e tempo insubdivisível. Jamais será subdividida pela harmonização, antes pula da melodia pro acompanhamento e às vezes está somente neste",[208] e Bruno Kiefer ratificaria ao escrever em *A modinha e o lundu*, de 1977: "O aspecto que mais impressiona é a profusão de síncopes internas (semicolcheia-colcheia-

---

[207] "Two Eighteenth-Century Anonymous Collections of Modinhas", por Gerard Béhague, *in Yearbook of the Inter-American Institute For Musical Research*, vol. IV, 1968, p. 59.

[208] Mário de Andrade, *Dicionário musical brasileiro*, São Paulo, Universidade de São Paulo, 1989, verbete "Síncopa", p. 475.

-semicolcheia) nas linhas melódicas e, frequentemente, também no acompanhamento".[209]

A certeza de que estas heranças rítmicas das danças africanas aculturadas no Brasil e em Portugal, se nem sempre apareciam nas interpretações de cantores-instrumentistas mais refinados — como seria o caso do Vidigal, talvez por isso tão bem aceite nos salões — certamente deviam constituir a atração dos tocadores populares, mais despreocupados com elaborações artísticas, até pela pobreza de seus recursos técnicos. E uma indicação nesse sentido seria encontrada ainda em fins do século XVIII na parte CX da série de folhetos do *Almocreve de Petas*, ao definir o seu redator, com sugestiva gíria, o tipo de som produzido pelos tocadores mais descomprometidos com as regras da arte. Segundo o autor do folheto, José Daniel Rodrigues — íntimo conhecedor da vida lisboeta setecentista —, um tal Morgado da Barraca (assim chamado por viver de 40 mil réis anuais de renda de um pardieiro na "Cotovia debaixo") suplementava os seus ganhos fazendo versinhos para amigos e tocando modinhas "de tliquitó" em funções de gente simples:

> "... ora este bom traste também se ajudava com os pequenos ganhos da guitarra, em que toca modinhas, *de tliquitó*, hia a funções destas de tres ao dia; fazia a sua cartinha de amores aos seus amigos, fazia-lhe o seu versinho em que respirava muito a natureza, e com estes, e outros ganhos andava sempre em um pontinho, e nos bicos dos pés por não fazer despeza com os tacões dos Çapatos."[210]

---

[209] Bruno Kiefer, *A modinha e o lundu*, Porto Alegre, Editora Movimento/Universidade Federal do Rio Grande do Sul, 1955, p. 17.

[210] *Almocreve de Petas*, parte CX, tomo III da edição de Lisboa, Oficina de J. F. M. de Campos, 1819.

Embora a palavra tliquitó não figure nos dicionários, a descrição do tipo desse personagem antecipador em Portugal dos fadistas do século seguinte (no Brasil chamados inicialmente de capadócios e, depois, de malandros) permite concluir, ante a própria sugestão da onomatopeia, ser o Morgado da Barraca um animador de "funções destas de tres ao dia", que oferecia ao seu público popular um som à base de sonoro tliquitó, ou seja, de cordas alegremente tocadas de rasgado.

A popularidade das modinhas nesse final dos 1700 em Portugal, aliás, aparece documentada em tantos episódios humorísticos nos folhetos do *Almocreve de Petas*, que se pode concluir ter constituído esse tipo de canção brasileira, de fato, o primeiro gênero de música popular urbana enquadrada na categoria de música de massa. Na parte XXVI do primeiro volume do *Almocreve de Petas*, que deve corresponder a folheto impresso ainda no primeiro ano da série iniciada em janeiro de 1797, José Daniel Rodrigues mostrava a voga de cantar modinhas levada às situações mais ridículas. Segundo episódio supostamente ocorrido na "Calçada do Combro, 3 de outubro", "no primeiro andar de uma das casas", a febre das modinhas levava pessoas tão sem autocrítica a improvisarem-se em cantores que uma velha senhora chegou a lembrar-se de um seu burro ante um desses menestréis:

> "Hia a esta casa um sujeito, que tinha grande presumpção de cantar bem modinhas; mas não sabia solfa, e era tão desentoado como eu, que o digo! Todos os dias de tarde era certo na dita casa; e apenas entrava, punha-se logo a cantar, soffrendo a gente por política aquelle rouxinol de março."[211]

Como "havia na dita casa uma velha, que ali vivia por caridade, que em o ouvindo cantar, já se punha a chorar: e elle glo-

---

[211] *Almocreve de Petas*, parte XXVI, tomo I, cit., 1818, p. 4.

riando-se muito com isto, pensando que era pela ternura, que causava com a docilidade da voz", levou-o a perguntar "à velha porque chorava, pensando em ouvir um elogio". A resposta da comovida senhora, porém, foi: "Tenho muitos motivos para chorar, porque perdi um burro, que tinha, que era o meu remédio, e o seu retrato; quando o oiço cantar, não ha voz mais parecida com a delle, do que a sua!".[212]

Ainda pelas anedotas arranjadas por José Daniel Rodrigues da Costa para seus folhetos da série *Almocreve de Petas*, sabe-se que também nos meios populares se cantavam modinhas "a duo", mas sem o requinte dos salões, a julgar pela cena em que, no caminho de Barcelos, duas moças de um rancho de mulheres montadas em burros resolvem divertir-se cantando em marcha:

"D. Gacheta com D. Palerma por não perderem o tempo, entoavão de primeira, e segunda voz a modinha seguinte:

'Finezas que eu lhe fazia,
Nunca mais de mim terá,
Vá-se, não quero, nem vêlo,
Porém não, não... venha cá!'"[213]

O mais comum, porém, entre o povo da capital e a gente mediana da província, era cantar-se "sem segunda", como no mesmo *Almocreve de Petas* seu redator dava a saber em cômica descrição da festa do quinto casamento de uma viúva de Arroios, em festivo mês de maio:

"... entre a vizinhança convidada, veio a filha de huma vizinha, que canta modinhas sem segunda, e

---

[212] *Almocreve de Petas*, parte XXVI, tomo I, cit., p. 4.

[213] *Almocreve de Petas*, parte XIX, tomo I, cit., p. 2.

principiou a muitos rogos, em louvor dos Noivos, a cantar a moda 'Só Arminda e mais ninguém', trinando com a voz não por arte, mas sim por natureza, e abrindo ao mesmo tempo cada venta, que por cada huma lhe cabia huma laranja; porem com graça e mimo."[214]

Essa "graça e mimo" da modinha, mesmo quando cantada sem arte, como nesse caso da vizinha da viúva de Arroios, resultava de suas letras focalizarem quase sempre de forma muito direta e pessoal, mas ao mesmo tempo delicada, o problema das relações amorosas sugeridas pela nova organização da sociedade urbana. Os autores de versos para modinhas refletiam exatamente essa discussão em torno dos problemas do amor, transformando às vezes os próprios conceitos em debate no seu tema central. E isso era o que ainda José Daniel Rodrigues mostrava em seu *Almocreve de Petas*, ao incluir numa discussão algo filosófica sobre os efeitos da paixão este exemplo de como isso se dava:

"... sobre os seus efeitos huns tem sido de opinião que sim, outros que não, combate, que até produziu uma modinha, que diz:

'Ninguem sabe, ninguem sabe
Ninguem sabe o que he o Amor.'"[215]

O que o redator do *Almocreve de Petas* provavelmente não sabia é que os versos por ele citados como tão representativos das discussões do tempo em torno dos efeitos do amor (tema posto em voga, aliás, pelas modinhas sentimentais) tinham autor conhecido. E, de fato, o mote da cantiga — "Ninguem sabe o que he o Amor" — era o mesmo da composição do poeta brasileiro Do-

---

[214] *Almocreve de Petas*, parte VI, tomo I, cit., p. 2.

[215] *Almocreve de Petas*, parte LIX, tomo II, cit., p. 1.

mingos Caldas Barbosa intitulada "O que é o Amor", como revelaria sua inclusão na partitura manuscrita *Cantigas de Lereno Selinuntino*, copiada por mão de contemporâneo:

> Levantou-se na cidade
> um novo e geral clamor,
> todos contra o amor se queixam,
> ninguém sabe o que é o Amor.[216]

Era, pois, o sentido de atualidade e ausência de preconceito na discussão do velho tema clássico do Amor — assim grafado com inicial maiúscula pelos árcades, ainda em homenagem à ideia grega da sua origem nos deuses — o que mais encantava os jovens setecentistas. E, para escândalo dos mais velhos, principalmente as moças, o que fazia um pai de família de Braga — ouvido em sonho — dizer "lá consigo":

> "... ora paciência, nem como nem durmo ás minhas horas; porque tenho filhas, que cantão modinhas, e são as chamarizes desta Praça do Commercio, deixem estar o caso por minha conta, que para a Pascoa ha de ficar tudo n'hum convento."[217]

Era exatamente essa atualidade e modernidade das modinhas, com a sua capacidade para transformar em "chamarizes" as moças de família das cidades que as cantavam, a responsável pela expansão de tal tipo de moda nova por todos os segmentos da sociedade, numa clara antecipação do fenômeno moderno da música de massa. E a prova de que isto realmente acontecia em

---

[216] "O que é o Amor", cantiga que se estende por nove quadras, incluída na coleção manuscrita intitulada *Cantigas de Lereno Selinuntino*, conservada na biblioteca do Gabinete Português de Leitura, do Rio de Janeiro, sob a indicação "C. Barboza, Cantigas, R.E.P.L., Armário 6A 25".

[217] *Almocreve de Petas*, parte XLII, tomo II, cit., p. 3.

fins de Setecentos é que o próprio redator do *Almocreve de Petas* lançaria em seus folhetos, com grande sentido de oportunidade, a novidade da sugestão de versos destinados a receber música por possíveis leitores com talento musical para compor modinhas.

Na parte XLV do segundo tomo do seu *Almocreve de Petas*, correspondente a folheto de inícios de 1798, José Daniel Rodrigues da Costa passa a atribuir ao seu *alter ego*, o personagem "moço do Poeta" (que seria seu criado e secretário), a ideia de publicar regularmente versos destinados a quem os desejasse musicar. O motivo da iniciativa teria sido o fato de o moço se ver "perseguido por alguns curiosos de Musica, por letras para Modinhas", o que desde logo vinha comprovar a larga popularidade do novo gênero lançado vinte anos antes pelo brasileiro Domingos Caldas Barbosa. E, neste ponto, o próprio estilo dos versos propostos confirmava a influência do mulato lançador das modinhas e lundus em Portugal:

"O moço do Poeta vendo-se perseguido por alguns curiosos de Musica, por letras para Modinhas, fez a seguinte, que quer pôr a público, para que quem a achar bonita, lhe faça a solfa:

'Doce lisonja   Faço a pintura
Lilia não pinta,   D'uma Deidade,
Não me dá tinta   Dê-me a verdade
O cégo Amor   O seu favor.

Remate

Nas minhas côres
Julguem-me exacto,
Que isto he retrato,
E eu sou Pintor.'"[218]

---

[218] *Almocreve de Petas*, parte XLV, tomo II, cit., p. 6.

A repercussão da novidade entre os leitores pode ser avaliada pelo fato de, apenas três números depois, no folheto parte XLVIII, o redator ter voltado a sugerir no seu *Almocreve de Petas* a composição de nova modinha:

"O moço do Poeta, lembrando-se de que há muita gente curiosa de Musica, que a terem letra, lhe fariam a solfa, offerece a seguinte Modinha para o dito fim:

'Olha, Marcia, eu não te posso
Falsidades supportar;
Ou jura que não me deixas,
Ou me acaba de matar.

Remate

Minhas suspeitas
He bem que acabes,
Que tu bem sabes
Se eu sei amar.'"[219]

A ideia de José Daniel Rodrigues de servir como intermediário entre a arte poética — no caso representada por sua habilidade para escrever versos —, e as camadas populares das cidades — onde esperava encontrar a "gente curiosa de Musica" —, equivalia a estabelecer, pela primeira vez na história da produção cultural, o moderno sistema de parcerias, depois tão comum na área da criação de música popular urbana. Ora, como a sua série de folhetos do *Almocreve de Petas*, reunida posteriormente nos três tomos editados de 1817 a 1819, ia ganhar a partir de então um campo mais amplo de circulação, estava reservado ao pioneiro produtor de literatura de massa José Daniel Rodrigues

---

[219] *Almocreve de Petas*, parte XLVIII, tomo II, cit., p. 7.

da Costa uma glória que ele próprio jamais poderia imaginar. É que, enviados ao Brasil, os volumes do *Almocreve de Petas* espalharam pela antiga colônia — a partir de 1822 transformada em país independente — aquela literatura cordelista que o prolífico autor se comprazia em criar pensando apenas no público português. E foi assim que uma quadra publicada no décimo quinto folheto do *Almocreve de Petas*, e cujos versos voltariam a ser glosados em três oportunidades (partes XVIII do tomo I, e XLIX e CXII do tomo III), ia aparecer, quase um século depois, no primeiro lundu gravado em disco no Brasil. Na parte XV do seu *Almocreve de Petas*, correspondente ao mês de agosto de 1797, o redator escrevera na última parte do folheto, dirigindo-se aos seus leitores:

> "Vendo-se o Editor sem obra alguma de Poesia capaz de pôr na presença de VV. mm., resolveo-se a botar huma cá fóra, e projetou a seguinte Quadra:
>
> 'Se eu brigar com meus Amores,
> Não se intrometa ninguem;
> Que acabados os arrufos,
> Ou eu vou, ou ela vem.'"[220]

Pois, em 1902, quando o checo Frederico Figner lançou no Brasil a novidade dos discos de gramofone sob a marca Zon-O-Phone (e logo após Odeon), a primeira gravação, lançada sob o número de disco 10.001, seria a do lundu "Isto é bom", assinado pelo ator e compositor-cantor Xisto Bahia (Xisto de Paula Bahia, Salvador, BA, 1841-Caxambu, MG, 1894), e em que o cantor Baiano (Manuel Pedro dos Santos, 1870-1944), começava cantando:

---

[220] *Almocreve de Petas*, parte XV, tomo I, cit., pp. 5-6.

> O inverno é rigoroso
> Já dizia a minha avó
> Quem dorme junto tem frio
> Quanto mais quem dorme só

para atacar logo depois do estribilho "Isto é bom/ Isto é bom/ Isto é bom que dói" — dentro do mesmo sincopado rítmico do lundu-canção lançado quase um século e meio antes — os versos da nova quadra:

> Se eu brigar com meus amores
> Não se intrometa ninguem
> Que acabados os arrufos
> Ou eu vou ou ela vem.

Era, por inteiro, o mote proposto em 1797 por José Daniel Rodrigues aos seus leitores no seu *Almocreve de Petas*.

O que se pode depreender é que, como era comum acontecer no início da era da música de consumo (e, aliás, até hoje se repete), o ator-compositor Xisto Bahia não terá resistido à graça da quadrinha ouvida provavelmente no seu estado da Bahia como "motivo popular" (tal como Sílvio Romero ouvira os versos de Domingos Caldas Barbosa), e não hesitou em incorporá-la, como sua, na letra do lundu "Isto é bom".[221]

---

[221] A descoberta deste curioso exemplo de apropriação, por compositor de música popular, de um tema supostamente "tradicional", do qual, por artes do acaso, se vem agora identificar a autoria, duzentos anos depois, deveu-se ao fato de o autor deste livro ter possuído em seu acervo os três tomos do *Almocreve de Petas*, editado em Lisboa entre 1817 e 1819, e também uma das quatro gravações do lundu "Isto é bom", de Xisto Bahia. As primeiras gravações do lundu, realizadas no Rio de Janeiro entre 1902 e 1912, foram as seguintes, pela ordem: Zon-O-Phone 10.001, Zon-O-Phone x-1.031, ambas com o cantor Baiano; Odeon 108.076 pelo cantor Eduardo das Neves (que possuímos), e Victor 98.955, pelo cantor Mário Pinheiro.

O que Xisto Bahia fez, pois, ao aproveitar a velha quadra setecentista, dentro do moderno senso de oportunidade dos autores de música popular comercial (no caso do seu lundu "Isto é bom" produzido para o teatro musicado, sem imaginar que chegaria à era do disco) foi agir como autêntico criador pioneiro da então nascente indústria cultural.

Era o ponto culminante do processo que, iniciado com o aparecimento da modinha e do lundu levados da colônia, marcara em Portugal de fins do século XVIII o advento desse negócio de novo tipo chamado de música popular, tão bem captado — embora sem consciência crítica — pelo estudioso Luís de Freitas Branco, ao observar no seu "esboço crítico" *A música em Portugal*, distribuído sob a forma de uma plaqueta durante a Exposição Universal em Sevilha, em 1929:

> "Não podemos terminar o presente capítulo sem tratar da forma vocal predileta do nosso século XVIII: a *modinha*. A modinha é uma canção estrófica, de estilo ornamental e muito singularmente acompanhada pela viola ou pelo cravo. Obrigatória em todas as reuniões e festas da sociedade das classes média e alta, onde a sua expressão facilmente sentimental ia ao encontro do gosto da época, popularizou-a o teatro, e de tal modo fazia parte da vida portuguesa do tempo que a edição de modinhas e 'jornais de modinhas' se tornou um importante ramo do comércio musical."[222]

---

[222] Luís de Freitas Branco, *A música em Portugal*, Lisboa, Imprensa Nacional, 1929, p. 19.

BIBLIOGRAFIA

Fontes contemporâneas dos fatos citados:
testemunhos e informações de pormenor ou estatísticas

Século XIV

Ruiz, Juan (Arcipreste de Hita, c. 1283-1351). *Libro de buen amor* (escrito na prisão por volta de 1343). Do *Libro de buen amor* restaram três códices, conhecidos como de Gayoso, de Toledo e de Salamanca. Este último, o mais completo, foi copiado pelo letrado Alfonso de Paradinas, e utilizado por J. Ducamin para sua edição paleográfica de Toulouse, 1901. Edições mais recentes: Madri, Real Academia de la Lengua, 1974; Madri, Espasa-Calpe (vol. 9 da Nova Série Austral, 19ª edição), 1987.

Século XV

Mendoza, Iñigo Lopez de (1398-1458). "Prohemio" da "Carta al Condestable de Portugal", 1449. Edição mais recente: *Letter of the Marquis of Santillana to Don Peter, Constable of Portugal*, with introduction and notes by Antônio R. Pastor and Edgar Prestage, Oxford, Clarendon Press, 1927.

Münzer, Hieronymus. "Itinerario do dr. Hieronymus Münzer" (excertos). Coimbra, Editora Basilio de Vasconcelos, 1932. Tradução de Basilio de Vasconcelos da parte do original latino sobre as viagens do autor por Portugal entre 1494 e 1495, do acervo da Biblioteca de Munique. Tradução reproduzida pelo padre Antônio Brásio (com algumas correções resultantes do confronto com o texto latino) no vol. I, 2º dos *Monumenta Historia Missionaria Africana (África Ocidental, 1342-1499)*, e em 1983 por José Manuel Garcia, com novos retoques no texto anterior "para que se aproximasse o mais possível do original", em *Viagens dos descobrimentos*, Lisboa, s/d [1983].

Século XVI

Brandão, João. *Tratado da majestade, grandeza e abastança da cidade de Lisboa na segunda metade do século XVI (Estatística de Lisboa de 1552)*. Manuscrito conservado pelos monges de Alcobaça e transferido para o acervo de manuscritos da Biblioteca Nacional de Lisboa, onde figura em catálogo sob o n° 679 no Fundo Geral. Publicado em 1923 como separata do Arquivo Histórico Português, tomo II, por Braancamp Freire e José Joaquim Gomes de Brito, enriquecido de notas e comentários, Lisboa, 1923. Nova edição com atualização ortográfica e transposição dos algarismos latinos para algarismos árabes por José da Felicidade Alves, Lisboa, Livros Horizonte, s/d [1990].

Góis, Damião de (1502-1574), *Descrição da cidade de Lisboa pelo cavaleiro português Damião de Góis*. Tradução de Raul Machado do texto latino de Damiani Gois, *Equitis Lusitani Urbis Olisiponis Descriptio*, Évora, 1554, publicada em edição confrontada latim-português sob o título de *Lisboa de Quinhentos*, Lisboa, Livraria Avelar Machado, 1937.

Guicciardini, Ludovico (Florença, 1523-Antuérpia, 1589). *Descrittione di tutti i paesi bassi*. Antuérpia, 1567. Nova edição ainda em Antuérpia em 1588 e reimpressão em latim em Amsterdã, 1613.

Miranda, Sá de (1485-1558). *Poesia de Sá de Miranda*. Organização, notas e sugestões para análise literária de Alexandre M. Garcia, Lisboa, Editorial Comunicação, 1984.

Nicot, Jean. "Carta de 25 de setembro de 1560 ao Bispo de Limoges." *Apud* Rodrigues Cavalheiro e Eduardo Dias, *Memórias de forasteiros, aquém e além-mar: séculos XII-XV*, Lisboa, Livraria Clássica Editora, 1945.

Oliveira, Cristóvão Ruiz Rodrigues de. *Sumário e que brevemente se contem algvmas covsas (assi ecclesiasticas como seculares) que ha na cidade de Lisboa*. Editora Germão Galharde, s/d. "Feito cerca de 1551", segundo observação do cardeal Cerejeira em nota à sua tradução das cartas do humanista Nicolau Clenardo. O *Sumário* foi reeditado em 1755, acrescentado de uma carta de D. Tomaz Caetano do Bem "acerca de uns monumentos romanos descobertos no sítio das Pedras Negras", em 1938, com prefácio de Augusto Vieira da Silva (Des. Biblion, Lisboa) e indicando na capa 1939; e em 1987, com apresentação e notas de José da Felicidade Alves, Lisboa, Livros Horizonte.

Portugal, D. Francisco de (1585-1632). *Arte de galantaria*. "Oferecida a las Damas de Palacio", publicado postumamente em 1654, com reedições em 1670 e 1682. Da edição de 1670 há adaptação preparada e anotada por Joaquim Ferreira (Porto, Domingos Barreira, 1943). Edição mais recente: 2ª de Domingos Barreira, 1984.

RESENDE, Garcia de (c. 1470-1536). *Cancioneiro geral*. Impressão iniciada em Almeirim por Hermão de Campos, e acabada de imprimir em Lisboa em 28 de setembro de 1516. Segunda edição apenas em 1846, 1848 e 1852. Edição fac-similada em Nova York, pela Hispanic Society of America, 1904. Em Portugal, nova edição em cinco volumes pela Universidade de Coimbra, de 1910 a 1917. Citações conforme edição com texto estabelecido, prefaciado e anotado por Álvaro J. da Costa Pimpão e Aida Fernanda e Dias, Coimbra, Centro de Estudos Românicos (Instituto de Alta Cultura), 1º vol., 1973; 2º vol., 1974.

_____. *Miscellanea (variedade de historias, costumes, casos e cousas que em seu tempo aconteceram)*. Publicada na 2ª edição do *Livro das obras de Garcia de Resende, que tracta da vida & grandíssimas virtudes & bõdades; magnanimo esforço, excelentes costumes & manhas & muy craros feitos do christinissimo; muito alto & muito poderoso príncipe el rey dom Ioam ho segundo deste nome etc./ Vay mais acrescentadõ nouamente a este liuro hua Miscellanea e trouas do mesmo auctor & hua variedãde de historias, custumes, casos & cousas que em seu tepo accõntecerã (1554)*. A *Miscellanea* incluída nesta 2ª edição do *Livro das obras de Garcia de Resende*, de Évora, em casa de André Burgos, não aparece na primeira edição de 1545, nem nas de 1596 e 1607, só vindo a reaparecer, alterada e com incorreções, na edição de 1622 (erros que, informa Mendes dos Remédios, repetiram-se até mesmo na de 1789, da Universidade de Coimbra). Citações conforme a edição de 1554, com prefácio e notas de Mendes dos Remédios, Coimbra, França Amado Editor, 1917.

RIBEIRO, Bernardim. *Hystoria de Menina e moça por Bernardim Ribeiro, agora de novo estampada e com summa diligencia emendada, e assi alguas Eclogas suas*... Ferrara, 1554. 2ª ed.: *Primeira seguda parte do livro chamado as saudades de Bernardim Ribeiro, com todas as suas obras, treladado de seu proprio original, nouamente impresso*, 1557 (André de Burgos). 3ª ed.: *Historia de Menina e moça de Bernardim Ribeiro, de novo estampada...e assi algumas Eglogas suas*, Lisboa, Francisco Grafeo, 1559 (impressa em Colônia). 4ª ed.: *Menina e moça, ou Saudades de Bernardim Ribeyro*, Lisboa, Oficina de Domingos Gonsalves, MDCCLXXXV.

SANDE, Padre Duarte de. "Lisboa de 1584: primeira embaixada do Japão a Europa". Tradução por Antônio José de Figueiredo da parte referente a Portugal do diário da missão japonesa a Roma escrito em latim pelo padre Duarte de Sande, em *Arquivo Pitoresco*, vol. VI, Lisboa, 1863.

SASSETTI, Filippo (Florença, 1554-Goa, 1588). *Lettere*. Sassetti foi um negociante e escritor que viveu em Lisboa entre 1578 e 1582, deixando registrada em cartas preciosas informações sobre a vida portuguesa. As *Cartas* de Sassetti foram lançadas em livro em 1855 e 1873, em Florença, passando a circular, a partir de 1880, na edição popular *Lettere di Filippo Sassetti, 1570-1588*, da Biblioteca Clássica Econômica do editor Eduardo Sonzogno, de Milão.

Século XVII

CERVANTES, Miguel de. *El ingenioso hidalgo D. Quijote de la Mancha*, Madri, 1ª parte, Juan de la Cuesta, 1605; 2ª parte, 1615. Citações conforme a 2ª edição organizada por Martín de Riquer com base na edição fac-similada da *princeps* pela Real Academia Espanhola, 1917: Miguel de Cervantes Saavedra, *D. Quijote de la Mancha*, Barcelona, Editorial Juventud, 1950.

_____. *Entremeses de Miguel de Cervantes*. Barcelona, Editorial Iberia/ J. Pugés, 1915, incluindo os oito entremezes publicados em vida do autor, entre 1547 e 1616, e mais sete a ele atribuídos. 1ª edição dos oito entremezes em Madri, pela viúva de Alonso Martin, em 1615.

COVARRUBIAS (Sebastián de Covarrubias y Horizco, 1532-1612). *Tesoro de la lengua castellana o española*, Madri, 1611. 2ª edição em duas partes, 1674. Edição mais recente: Barcelona, Martín de Riquer, 1943.

GUERRA, Gregório de Matos (1623-1696). *Obras completas de Gregório de Matos*. Salvador, Editora Janaína, 1969. Reunião em sete volumes da obra sacra, lírica, satírica e burlesca do poeta conforme recopiladas por seu amigo licenciado Manuel Pereira Rabelo e conservadas no apógrafo "Varias poezias, compostas pello Famozo Doctor e insigne poeta do nosso seculo Gregorio de Mattos e Guerra, juntos neste volume por hum curioso, e no fim com hum indice de tudo o que nelle se contem. E hum abecedário das obras. Cidade da Bahia. Anno 1711". Códice desde 1962 em poder do professor Celso Cunha, que o cedeu a James Amado para edição.

VEIGA, Thomé Pinheiro da (Turpin) (*c.* 1570-1656). *Fastigimia, ou Fastos geniaes* [o certo seria *Fastiginia, ou Fastos geneais*]. Publicada segundo códices do acervo da Biblioteca do Porto como volume III da Colleção de Manuscritos Inéditos Agora Dados à Estampa, Porto, Tipografia Progresso, de Domingos Augusto da Silva, 1911. Reprodução fac-símile: Lisboa, Imprensa Nacional/Casa da Moeda, s/d [1988].

Século XVIII

ALMEIDA, Nicolau Tolentino de (1741-1811). *Obras completas de Nicolau Tolentino de Almeida.* Lisboa, Editores Castro, Irmão & Cia., 1861.

A.P.D.G. *Sketches of Portuguese Life, Manners, Costume and Character.* Illustrated by Twenty Coloured Plates. By A.P.D.G., London, Printed for Geo. B. Whittaker, 1826.

BARBOSA, Domingos Caldas (*c.* 1740-1800), Lereno Selinuntino, na Nova Arcádia. *Viola de Lereno. Collecção de suas cantigas, offerecidas aos seus amigos,* vol. I, Lisboa, na Officina Nunesiana, Anno 1798; vol. II, Lisboa, Na Typografia Lacerdina, 1826. (Com reedições do vol. I em 1806 — segundo Adrien Balbi com o título discrepante de *Viola de Lereno, ou Collecção de improvizos e cantigas de Domingos Caldas Barbosa* —; em 1813, na Bahia, na Typographia de Manoel Antonio da Silva Serva; em 1825, em Lisboa, na Impressão de João Nunes Esteves; em 1826, em Lisboa, na Typographia Lacerdina; e, em 1845 — não citada por Inocêncio, Sacramento Blake ou Rubens Borba de Moraes, mas da qual o autor deste livro possui exemplar —, em Lisboa, na Typographia Rollandiana, com indicação, no rosto, de "nova edição"). O vol. II foi reeditado apenas em 1944: *Viola de Lereno,* por Domingos Caldas Barbosa, Rio de Janeiro, Imprensa Nacional/ INL, 2 vols., 1944.

BECKFORD, William. *Italy with Sketches of Spain and Portugal,* by the Author of *Vathek,* 2 vols., London, 1834 (o vol. I usa material já publicado pelo autor no livro *Dreams, Waking Thoughts, and Incidents, in a Series of Letters from Various Parts of Europe,* retirado de mercado, por pressão da família, em abril de 1783). As cartas que interessam a Portugal são as 34 situadas entre maio e 1º de dezembro de 1787. Foram as únicas traduzidas para o português, e publicadas pela primeira vez, em parte, nos volumes XII e XIV da revista *Panorama* e, em 1901, no livro *A Corte da Rainha D. Maria I — Correspondência de W. Beckford,* Lisboa, Livraria Editora Tavares Cardoso & Irmão. Posteriormente, a descoberta pelo Prof. Guy Chapman da caderneta-diário de viagem de Beckford (as suas cartas foram escritas após volta à Inglaterra, levando-o a desprezar muitas das observações originais), permitiu a publicação do *Diário de William Beckford em Portugal e Es-*

panha, 3ª edição portuguesa em Lisboa, Série Portugal e os Estrangeiros, da Biblioteca Nacional, 1988 (tradução da seguinte edição inglesa: *The Journal of William Beckford in Portugal and Spain, 1787--1788*, edited with an introduction and note by Boyd Alexander, London, Rubert Hart Davies, 1954).

BOCAGE, Manuel Maria Barbosa du (1735-1805). *Líricas e sátiras de Bocage.* Volume nº 35 da Collecção Portugal, organizada por Joaquim Ferreira, Porto, Editorial Domingos Barreira, s/d.

_____. *Poesias eróticas, burlescas e satíricas de M. M. Barbosa du Bocage.* Não compreendidas em várias edições das obras deste poeta. Paris, 1911. Nova edição: Paris, 1915.

COSTA, João Cardoso da. *Musa pueril dedicada à excellentissima senhora D. Ignes Francisca Xavier de Noronha, Viscondessa de Barbacena, por seu autor Joam Cardoso da Costa, Cavalleiro, professo na Ordem de Christo, Juiz dos Orfãos da Cidade de Lamego.* Lisboa Ocidental, na Oficina de Miguel Rodrigues, Impressor do Senhor Patriarca, MDCC XXXVI.

COSTA, José Daniel Rodrigues da (1757-1832). *Almocreve de Petas, ou Moral disfarçada, para correcção das miudezas da vida, por José Daniel Rodrigues da Costa (entre os pastores do Tejo, Josino Leiriense).* Série de folhetos publicados a partir de 11 de janeiro de 1797 até janeiro de 1800. Relançados a 30 réis (e logo a 40 réis) de 1817 a 1819, quando foram reunidos para publicação em livro, em três tomos datados de 1819, Lisboa, na Oficina de J. F. M. de Campos, e indicando "segunda edição". Os folhetos semanais do *Almocreve de Petas* foram inspirados, segundo declaração do próprio autor à p. 7 da parte XIII, em "folhetos, que em 1731 saíam todas as semanas", o que remete ao *Folheto de Ambas Lisboas* (em verdade lançado em julho de 1730, para continuar até o nº 26, datado de 17 de agosto de 1731).

FREI LUCAS DE SANTA CATARINA (1660-1740). *Anatômico Jocoso.* Sob o pseudônimo de Padre Fr. Francisco Rey de Abreu Mata Zeferino, dois volumes publicados em 1755 e o terceiro em 1758 (os dois primeiros correspondendo à 1ª edição da coletânea, nos anos de 1752 e 1753, sob o pseudônimo de Doutor Pantaleão de Escarcia Ramos; um terceiro tomo saiu ainda em 1753, já com o novo nome de Padre Fr. Rey de Abreu Mata Zeferino). As citações são da edição de 1755 e 1758: *Anatômico Jocoso, que em diversas operações manifesta a ruindade do corpo humano, para emenda do vicioso*, Lisboa, na Oficina do Doutor Manuel Alvarez Solano, ano MDCCLV, tomos II e III, Lisboa, na

Oficina de Miguel Rodrigues, Impressor do Eminentíssimo Senhor Cardeal Patriarca, MDCCLVIII.

NASCIMENTO, Francisco Manuel do (Filinto Elísio, 1734-1819). *Obras completas de Filinto Elísio*, 6 vols. Paris, na Oficina de A. Bobé, 1818.

PEREIRA, Nuno Marques (*c*. 1652-1733). *Compêndio narrativo do peregrino da América, em que se tratam vários discursos espirituais, e morais, com muitas advertências, e documentos contra os abusos, que se acham introduzidos pela malícia diabólica no Estado do Brasil.* Lisboa Ocidental, na Oficina de Manoel Fernandes da Costa, Impressor do Santo Ofício, Ano de MDCCXXVIII. Citações conforme a 6ª edição, completada com a 2ª parte, até então inédita: Rio de Janeiro, Publicações da Academia Brasileira [de Letras], 1939, 2 vols.

SANTOS, Antônio Ribeiro dos (1745-1818). *Manuscritos*, vol. 130, Biblioteca Nacional de Lisboa.

SÉCULO XIX

BAILLIE, Marianne. *Lisbon in the Years 1821, 1822 and 1823.* London, Second Edition, In Two Volumes, MDCCCXXV [1825].

BALBI, Adrien. *Essai statistique sur le Royaume de Portugal et d'Algarve, comparé aux autres États de l'Europe et suivi d'un coup d'oeil sur l'état actuel des sciences, des lettres et des beaux-arts parmi les Portugais des deux hemisphères... dédié à Sa Magesté trés-fidèle, par Adrien Balbi.* Paris, Roy et Gravier, 1822, 2 vols.

TEATRO: AUTOS, FARSAS E COMÉDIAS

SÉCULO XVI

ANÔNIMO. *Auto de D. André*, "no qual entram catorze figuras". Fac-símile do texto descoberto em Madri por D. Ramón Menéndez Pidal (folha volante semigótica do acervo de obras raras da Biblioteca Nacional de Madri, sob indicação R-3631), publicado por iniciativa de Carolina Michaëlis de Vasconcelos em *Autos portugueses de Gil Vicente y de la Escuela Vicentina*, Madri, 1922.

CHIADO, Antonio Ribeiro. *Auto da natural invenção. Auto feyto por Antonio Ribeyro Chiado, chamado Natural Invençam, representado ao muyto alto Rey Dom Iam Terceyro.* Editado talvez antes de 1549 (a figura do escudeiro tem o pé completo, ao contrário da mesma xilogravura em impressões posteriores a 1548), terá sido representado perante D. João III entre 1545 e 1557. Citação conforme edição organizada por Cleonice Berardinelli e Ronaldo Mennegaz: *Teatro de Antonio Ribeiro Chiado (Autos e Práticas)*, Porto, Lello & Irmão Editores, 1994.

_____. *Prática de oito figuras. Pratica doyto feguras, per Antonio Ribeiro Chiado, com Real Privilegio*. Referências no texto a revezes sofridos pelo imperador Carlos V e à fortaleza de Mazagão situando a obra entre 1541 e 1562, levaram Alberto Pimentel e Teófilo Braga a datá-la de 1553, e A. Júlio da Costa Pimpão de 1562, e, segundo Luciana Stegagno Picchio "recentemente Robert Ricard veio propor a segunda metade de 1542". Citação conforme edição fac-similar do terceiro e último dos textos de Antonio Ribeiro Chiado da *Miscelânia* n° 218 da Biblioteca Nacional de Lisboa, promovida por Maria de Lourdes Belchior Pontes (Lisboa, O Mundo do Livro, 1961). Edição mais recente em *Teatro de Antonio Ribeiro Chiado*, Porto, Lello & Irmão Editores, 1994.

LISBOA, Antonio de. *Auto dos dois ladrões. Auto nouamente feyto por Antonio de Lixboa, muyto gracioso, representado ao Conde de Vimioso*. Sem qualquer outra indicação no folheto encontrado na Biblioteca de Madri por D. Ramón Menéndez Pidal e cedido em cópia a D. Carolina Michaëlis de Vasconcelos, em 1922, para publicação no seu *Autos portugueses de Gil Vicente y de la Escuela Vicentina*. Como o primeiro Conde de Vimioso é de 1515, e sua morte ocorreu em 1545, entre essas duas datas terá aparecido o auto, aliás confundido por Aubrey Bell com o *Auto dos dous ladrões que foram crucificados juntamente com Christo Nosso Senhor*, que é de 1603. Citado conforme a seguinte edição: *Auto dos dois ladrões*, Rio de Janeiro, Instituto Nacional do Livro/Ministério da Educação e Cultura, 1969.

VASCONCELOS, Jorge Ferreira de (*c*. 1515-1585). *Comédia Aulegrafia. Feita por Iorge Ferreira de Vasconcellos, agora nouamente impressa a custa de Dom Antonio de Noronha*. Em Lisboa, por Pedro Craesbeeck, ano 1619. Escrita entre 1548 e 1554, não se conhecem edições contemporâneas. Citações conforme edição: *Comédia Aulegrafia*, de Jorge Ferreira de Vasconcelos, Porto, Porto Editora, s/d.

_____. *Comédia Eufrosina*. Escrita pouco depois de 1537, quando o autor era estudante em Coimbra. Edição *princeps* por João de Barreira, impressor da Universidade de Coimbra, em 1555. Nova edição em Coimbra em 1560, duas em Évora em 1561 e 1566 pelo espanhol André Burgos. Citações conforme edição de 1555, com as variantes de 1561 e 1566, por Eugenio Asensio, Madri, 1951.

_____. *Comédia Ulissipo*. Escrita em 1547, da qual só se conserva a edição de 1618. Citações conforme edição: *Comedia Vlysippo de Iorge Ferreira de Vasconcellos*, terceira edição, Lisboa, na Oficina da Academia Real das Ciências, ano MDCCLXXVII [1777], com licença da Real Mesa Censória.

VICENTE, Gil (C. 1465-1537). *Auto da fé*. "A seguinte representação foi representada em Almeirim ao mui poderoso Rei Dom Manuel" (1510), publicado por iniciativa do filho do autor, Luís Vicente, na *Copilaçam de todalas obras de Gil Vicente, a qval se reparte em cinco livros. O primeyro he de todas suas cousas de deuaçam. O segundo as comedias. O terceyro as tragicomedias. No quarto as farsas. No quinto as obras meudas. Empremiose em a muy nobre & sempre leal cidade de Lixboa em casa de Ioam Alvarez impressor del Rey Nosso Senhor, anno de MDLXII* [1562]. Citação conforme a reedição (aumentada) desta *Copilaçam*, com introdução e normalização do texto de Maria Leonor Carvalhão Buescu, Lisboa, Imprensa Nacional/Casa da Moeda, s/d [1983], em dois volumes.

_____. *A farsa da Lusitânia (Auto chamado de Lusitânea)*. "... representada ao muito alto e poderoso Rei Dom João, o terceiro deste nome em Portugal, ao nascimento do muito desejado Príncipe Dom Manuel, seu filho. Era do Senhor de 1532."

_____. *A farsa de Inês Pereira (Auto de Inês Pereira)*. "A seguinte farsa de folgar foi representada ao muito alto e mui poderoso Rei Dom João, o terceiro do nome em Portugal, no seu Convento de Tomar. Era do Senhor de 1523." Conforme reprodução em *Copilaçam de todalas obras de Gil Vicente*, cit.

_____. *A farsa de "Quem tem farelos?"*. "Este nome da farsa seguinte, Quem tem farelos, pos-lho o vulgo." "Foy representada na mui nobre & sempre leal cidade de Lixboa, ao muyto excelente & nobre Rey dom Manoel primeyro deste nome, nos Paços da Ribeyra, Era do Senhor de MDV, anno 1505."

_____. *Tragicomédia da Frágua*. "Tragicomédia representada na festa do desposório do muito poderoso e católico Rei de gloriosa memória, D. João, o terceiro deste nome, com a sereníssima Rainha Dona Catarina, nossa Senhora, em sua ausência, na cidade d'Évora, na era de Cristo Nosso Senhor de 1525." Conforme reprodução em *Copilaçam de todalas obras de Gil Vicente*, cit.

Século XVII

Auto do escudeiro surdo (também chamado de *Auto da fome* e *Auto de centeio e milho*). Lisboa, Oficina de Antonio Alvares, 1634 (edição citada por Albino Forjaz de Sampaio em seu *Teatro de cordel* (*Catálogo da coleção do autor*, de que dava conhecimento sem possuir exemplar). Citação conforme edição: Lisboa, Oficina de Bernardo da Costa de Carvalho, 1721, do acervo do Arquivo Nacional da Torre do Tombo (ANTT), SP 3414⁶ CF.

LOPES, Anrique. *Cena policiana feita por Anriqve Lopez*. Texto ocupando págs. 41v a 48 do volume *Primeira parte dos autos comedias portuguesas feitas por Antonio Prestes, & por Luís de Camões & por outros autores portugueses, cujos nomes vão nos princípios de suas obras. Agora nouamente juntas & emendadas nesta primeira impressão, por Afonso Lopez, moço da Capella de sua Magestade & a sua custa, anno MDLXXXVII* [1587]. Citação conforme reimpressão "segundo uma cópia manuscrita" na *Revista de Língua Portuguesa*, ano 1, nº 2, nov. 1919, Rio de Janeiro, Typ. Lit. Rohe, 1919, pp. 33-54. A *Primeira parte dos autos e comédias portugueses* seria reeditada em 1973 em edição de mil exemplares: Lisboa, Lysia Editores/SARL, 1973.

MELO, D. Francisco Manuel de (1608-1665). *O fidalgo aprendiz*. Escrito segundo o autor em 1646 (Carta CCXIII), foi publicado pela primeira vez nas *Obras métricas de Don Francisco Manuel*, em Leon de Francia, por Horacio Boessat e George Remevs, MDCLXVI [1666], e, onze anos depois, em folheto: *Auto do fidalgo aprendiz, farça que se representou a Suas Altezas*, Lisboa, 1676. Reedições em Lisboa em 1718 e 1781, e em Coimbra em 1898. Citação conforme edição: *O fidalgo aprendiz*, Lisboa, Livraria Clássica Editora, 1943.

Século XVIII

ENTREMEZES E FOLHETOS DE CORDEL DIVERSOS

Basófia no público, e a fome escondida. Lisboa, 1782.

Desenfado do povo, de José Pedro Zambrinense, de 1746, em *Provas e supplemento à Historia annual chronologica*, ANTT, tomo 2614 (folhetos publicados entre 1746 e 1748).

Entrada quarta para as festas de N. S. do Cabo, Frei Lucas de Santa Catarina, em *Anatomico Jocoso*, tomo III, Lisboa, na Oficina do Doutor Manuel Alvarez Solano, 1758.

Entrada segunda para as festas de N. S. do Cabo, Frei Lucas de Santa Catarina, em *Anatomico Jocoso*, tomo III, Lisboa, na Oficina do Doutor Manuel Alvarez Solano, 1758.

Entremez da floreira. Lisboa, na Oficina da Viúva de Ignácio Nogueira Xisto, 1774.

Entremez das línguas ou Derrota de hum velho louco. Lisboa, na Oficina da Viúva de Ignácio Nogueira Xisto, 1772.

Entremez intitulado Os cazadinhos da moda. Lisboa, na Oficina Patriarcal de Francisco Luiz Ameno, 1724. Sem assinatura, mas identificado como de Leonardo José Pimenta e Antas.

Festas heroicas da sobrelevante Irmandade da Vera Cruz dos Poyaes, sita junto ao Regio Cenobio do Heremitico Monarcha São Bento, de Frei Lucas de Santa Catarina, em *Anatomico Jocoso*, tomo I, Lisboa, na Oficina do Doutor Manuel Alvarez Solano, 1755.

Folheto de Ambas Lisboas, nº 7, Lisboa Ocidental, na Oficina da Música, 1730.

Nova e graciosa pessa, intitulada As convulsões, desmaios e desgostos, de huma peralta da moda, na infausta morte do seu cãozinho, chamado Cupido. Lisboa, na Oficina de Lino da Silva Godinho, 1789.

Nova relação do testamento de Clara Lopes, a muito exemplar, e reverenda abadessa das caríssimas Madres Cristaleiras & Cia. Amsterdã, Nueva Imprenta de Pelchior Cheselè & Cia., s/d. Transcrito na íntegra por Mario Cesariny, pp. 89-96 de seu *Horta de literatura de cordel*, Lisboa, Assírio e Alvim, s/d [1983].

Novo entremez Os Malaquecos, ou Os costumes brazileiros. Lisboa, com licença da Real Mesa Censória. Sem data, mas seguramente da década de 1780.

Pequena peça intitulada O caes do Sudré, por José Daniel Rodrigues da Costa. Lisboa, na Oficina de José de Aguino Bulhoens, 1791.

Pragmatica da Sécia. Texto integral publicado por Manoel Bernardes Branco como Apêndice ao final de seu *Portugal na época de D. João V*. Lisboa, Antonio Maria Ferreira Editor, 1886.

Relaçam curiosa de varias cantiguas em despedidas, da Corte para o Dezerto. Sem indicação de autor ou editor, mas certamente saído de oficina de Lisboa na segunda metade do século XVIII.

Relação das cantigas da fofa, compostas pelo memoral, e celebrississimo estapafurdio Manoel de Paços. Sem indicação de editor ou data. Texto publicado na íntegra, com descrição incompleta do título, nas *His-*

torias jocosas a cavalo num barbante (*O humor na literatura de cordel dos séculos XVIII e XIX*), Porto, Editora Nova Crítica, s/d [março de 1980].

A vingança da cigana, drama joco-sério, de Domingos Caldas Barbosa, com música de Antonio Leal Moreira. Lisboa, na Oficina de Simão Thaddeo Ferreira, 1794.

Coleções de folhetos de cordel

Almocreve de Petas, ou Moral disfarçada, para correcção das miudezas da vida, por José Daniel Rodrigues da Costa (entre os Pastores do Tejo, Josino Leiriense). Segunda edição, Lisboa, na Oficina de J. F. M. de Campos, 1819. Reunião, em três tomos do mesmo ano, de folhetos do *Almocreve de Petas* publicados de 11 de janeiro de 1797 a fins de janeiro de 1800, e relançados de 1817 a 1819, quando editados sob a indicação de "Segunda edição".

Anatomico Jocoso, que em diversas operaçõens manifesta a ruindade do corpo humano, para emenda do vicioso. Consta de varias obras em proza... Pelo Padre Fr. Francisco Rey de Abreu Matta Zeferino, tomo I, Lisboa, na Oficina do Doutor Manoel Alvarez Solano, MDCCLV [1755].

Anatomico Jocoso, tomo II: *... do vicioso. Consta de varias cartas metaforicas, jocoserias, e gazetarias*. Segunda impressão, Lisboa, na Oficina de Miguel Rodrigues, MDCCLVIII [1758].

Anatomico Jocoso, tomo III: *... do vicioso. Consta de várias farsas, entradas, loas, entremezes, a diversos festejos*. Lisboa, na Oficina de Miguel Rodrigues, MDCCLVIII [1758].

Folheto de Ambas Lisboas. Publicação iniciada a 23 de junho de 1730 e continuada até 17 de agosto de 1731, perfazendo o total de 26 números, conforme informação de Gustavo de Matos Sequeira (*Depois do terramoto*), que possuiu coleção encadernada por contemporâneo que identifica o autor dos folhetos, em nota manuscrita, como sendo Jeronimo Tavares Mascarenhas de Távora.

Provas e supplemento à Historia annual chronologica, e politica do Mundo, e principalmente da Europa; nas quaes se faz memória mais exacta etc. ANTT, tomo 2614 (folhetos publicados entre 1746 e 1748).

GUERRINI, Guido. *Origine, evoluzione e carattere degli strumenti musicali ad uso del popolo*. Bologna: Umberto Pizzi, 1926.

Guitar Review, n° 30, revista da *The Society of the Classic Guitar*, Nova York, ago. 1968. Número especial da *Guitar Review* (GR) dedicado à história do violão clássico, sendo de destacar o artigo fartamente ilustrado sob o título "A Gallery of Great Guitars from the XVI to the XX Century", de Vladimir Bobri, Martha Nelson e Gregory d'Alessio.

HENRIQUE, Luís. *Instrumentos musicais*. Lisboa: Fundação Calouste Gulbenkian, s/d [1988].

OLIVEIRA, Ernesto Veiga de. *Instrumentos musicais populares portugueses*. Lisboa: Fundação Calouste Gulbenkian, 1982.

RIBEIRO, Mario de Sampayo. *As guitarras de Álcacer e a guitarra portuguesa*, separata do Arquivo Histórico de Portugal, vol. II, Lisboa, 1936.

_____. "A Exposição Internacional de Instrumentos Antigos", *Coloquio, Revista de Artes e Letras*, n□15, Lisboa, out. 1961.

DICIONÁRIOS

ANDRADE, Mário de. *Dicionário musical brasileiro*. São Paulo, Instituto de Estudos Brasileiros da Universidade de São Paulo/Editora Itatiaia, s/d [1989].

CANNECATTIM, F. Bernardo Maria de. *Collecção de observações grammaticaes sobre a língua bunda ou angolense* e *Dicionário abreviado da língua congueza*. Lisboa: Imprensa Nacional, 1859, 2ª ed.

BENTLEY, W. Holman. *Dictionary and Grammar of the Kongo Language*. London, Baptist Missionary Society, 1887.

LURKER, Manfred. *Dicionário dos deuses e demônios*. São Paulo: Martins Fontes, 1993.

VITERBO, Frei Joaquim de Santa Rosa de. *Elucidário de palavras, termos e frases que em Portugal antigamente se usaram e que hoje regularmente se ignoram*. Edição crítica por Mário Fiúza. Porto: Livraria Civilização Editora, 1983, 2 vols.

Catálogos

Catálogo da Coleção de Misceláneas da Biblioteca Geral da Universidade de Coimbra. Coimbra, tomo I (vols. I a LXXV), 1967; tomo II (vols. LXXV a CLXXV), 1968; tomo III (vols. CLXXV a CCLXXX), 1969; tomo IV (vols. CCLXXXI a CCCLXXV), 1970; tomo V (vols. CCC LXXV a CDXLV), 1974; tomo VI (vols. CDXLVI a DXXV), 1952; tomo VII (Teatro, prefácio do Doutor Aníbal Pinto de Castro), 1974; tomo VIII (vols. DCLI a DCXCV), 1976.

Lisboa quinhentista: a imagem e a vida da cidade. Catálogo da exposição realizada em setembro de 1983 no Museu da Cidade de Lisboa, sob a direção da conservadora-chefe dos Museus Municipais, Irisalva Moita. Lisboa: Direcção dos Serviços Culturais da Câmara Municipal de Lisboa, s/d [dezembro de 1983], incluindo os estudos introdutórios "A imagem e a vida da cidade", por Irisalva Moita, e "Espiritualidade e religiosidade na Lisboa de Quinhentos", por Paulo Pereira e Ana Cristina Leite.

O povo de Lisboa: tipos, ambiente, modos de vida, mercados e feiras, divertimentos, mentalidade. Exposição iconográfica realizada entre junho de 1978 e julho de 1979 na Câmara Municipal de Lisboa. Organização e apresentação de Irisalva Moita.

Subsídios para a história do teatro português — Teatro de cordel (Catálogo da coleção do autor), por Albino Forjaz de Sampaio. Publicado por ordem da Academia de Ciências de Lisboa, Imprensa Nacional, 1922.

Artigos em Periódicos

Avelar, Humberto de. "A música em Portugal", *Atlantida, Mensário Literário e Social para Portugal e Brasil,* n° 25, Lisboa, Pedro Bordalo Pinheiro Editor, nov. 1917.

Béhague, Gerard. "Two Eighteenth-Century Anonymous Collections of Modinhas", *Yearbook of the Inter-American Institute for Musical Research,* vol. IV, 1968.

Bello, Henrique. "Ocho siglos del cantar napolitano", *Revista Musical Chilena,* Santiago de Chile, Facultad de Ciencias y Artes Musicales, n° 62, nov.-dez. 1958.

Brito, Dulce. "Os estrangeiros e a música no cotidiano lisboeta em finais do século XVIII", *Revista Portuguesa de Música,* vol. I, n° 1, Lisboa, Instituto Nacional de Investigação Científica, 1991.

CHAILLEY, Jacques. "La chanson populaire française au Moyen Âge", *Annales de l'Université de Paris*, ano 26, n° 2, abr.-jun. 1956.

COURVILLE, Xavier de. "Petite histoire de la chanson française", *Les Annales (Conferencia), Revue Mensuelle des Lettres Françaises*, Paris, out. 1953.

CRUZ, Gabriela Gomes da. "A modinha, o cotidiano e a tradição musical portuguesa em finais do século XVIII", *Revista Portuguesa de Musicologia*, vol. I, Lisboa, Instituto de Investigação Científica, 1991.

DIAS, João José Alves. "Uma grande obra de engenharia em meados do século XVI: a mudança do rio Tejo", *Nova História*, n° 1 (*Século XVI*), Lisboa, Editorial Estampa, 1984.

FIGUEIREDO, Antônio José de. "Lisboa em 1584: primeira embaixada do Japão a Europa", *Arquivo Pitoresco*, vol. VI, Lisboa, 1863.

FREITAS, Frederico de. "A modinha portuguesa e brasileira (alguns aspectos do seu particular interesse musical)", *Bracara Augusta, Atas do Congresso A Arte em Portugal*, tomo III, vol. XXVII, n°s 65-66 (77-78), Braga, Câmara Municipal de Braga, 1974.

MARTINS, Mário. "A poesia medieval, em estilo rítmico", *Brotéria*, vol. LI, fasc. 1, jul. 1950.

PORTUGAL, José Blanc de. "Suspiros imperiais", *Panorama, Revista Portuguesa de Arte e Turismo*, série IV, n° 15, Lisboa, 1965.

REIS, Pedro Batalha. "Da origem da música trovadoresca em Portugal", *Nação Portuguesa*, série VI, fasc. X, tomo II, Lisboa, s/d [1931].

SANTOS, Joly Braga. "A música em Portugal na época de D. Manuel I", *Panorama, Revista Portuguesa de Arte e Turismo*, série IV, n° 32, Lisboa, dez. 1969.

BIBLIOGRAFIA GERAL

AGUIRRE, Mirta. *La lírica castellana hasta los Siglos de Oro*. Havana: Editorial Letras Cubanas, 1985, 2 vols.

ALMEIDA, Antônio Victorino de. *Música e variações. História da música ocidental, I*. Lisboa: Editorial Caminho, 1987.

ANDRADE, Mário de. *Modinhas imperiais*. São Paulo: Martins, 1964.

_____. *Pequena história da música*. São Paulo: Martins, 1942.

ARAÚJO, Mozart de. *A modinha e o lundu no século XVIII*. São Paulo: Ricordi Brasileira, 1963.

BAROJA, Julio Caro. "Teatro popular y magia", *Revista de Occidente*, Madri, s/d [1974].

BELL, Aubrey F. G. *A literatura portuguesa (história e crítica)*. Tradução do inglês por Agostinho de Campos e J. C. Barros e Cunha. Coimbra: Imprensa da Universidade, 1931.

BELL, A. F. G.; BOWRA, C.; ENTWISTLE, William J. *Da poesia medieval portuguesa*. Tradução do inglês por Antônio Álvaro Doria. Lisboa: Edição da Revista de Occidente, s/d [1946], 2ª ed. ampliada.

BLOCH, Marc. *A sociedade feudal*. Lisboa: Edições 70, s/d.

BONACCORSI, Alfredo. *La musica popolare*. Florença: Casa Editrice Monsabato, 1943.

BORGNA, Gianni. *Storia della canzone italiana*. Milão: Mondadori, 1992.

BRAGA, Teófilo. *Curso de história da literatura portuguesa*. Lisboa: Nova Livraria Internacional Editora, 1885.

_____. *História da literatura portuguesa, II. Renascença*. Porto: Livraria Chardron de Lello & Irmão Editores, 1914.

_____. *Floresta de vários romances*. Porto: Typographia da Livraria Nacional, 1868.

_____. *História da poesia popular portuguesa*. Lisboa: Miguel Gomes Editor, 1902.

_____. *O povo português nos seus costumes, crenças e tradições*. Vol. I: *Costumes e vida doméstica*. Vol. II: *Crenças e festas públicas, tradições e saber popular*. Lisboa: Livraria Ferreira Editora, 1885.

_____. *Questões de literatura e arte portuguesa*. Lisboa: A. J. P. Lopes, s/d [1881].

BRANCO, Luís de Freitas. *A música em Portugal*. Exposição portuguesa em Sevilha. Lisboa: Escola Tipográfica da Imprensa Nacional, 1929.

BRANCO, Manuel Bernardes. *Portugal na época de D. João V*. Lisboa: Livraria de Antônio Maria Ferreira Editor, 1886.

BRANDÃO, Tomás Pinto. *Antologia. Este é o bom governo de Portugal*. Lisboa: Publicações Europa-América, 1976.

BÜHLER, Johannes. *Vida y cultura en la Edad Media*. México/Buenos Aires: Fondo de Cultura Económica, 1957.

CANDÉ, Roland de. *Petite histoire de la musique anglaise: formes, écoles et oeuvres musicales*. Paris: Libraire Larousse, s/d [1952].

CARNEIRO, Souza. *Mitos africanos no Brasil*. São Paulo: Editora Nacional, 1937.

CARPEAUX, Otto Maria. *História da literatura ocidental*. Rio de Janeiro: Editora Alhambra, 1978-1984, 8 vols., 2ª ed. revista e atualizada (1ª ed.: 1958-1966).

_____. *Uma nova história da música*. Rio de Janeiro: Editora Alhambra, 1977, 3ª ed.

CAVALHEIRO, Rodrigues; DIAS, Eduardo. *Memórias de forasteiros, aquém e além-mar: séculos XII-XV*. Lisboa: Livraria Clássica Editora, 1945.

CARVALHO, Pinto de (TINOP). *História do fado*. Lisboa: Livraria Guimarães & Cia., 1903.

CIDADE, Hernâni. *Bocage*. Lisboa: Editorial Presença, 1986.

CHAVARRI, Eduardo López. *Música popular española*. Barcelona/Madri: Editorial Labor, 1940, 2ª ed.

COELHO, Antônio Borges. *Quadros para uma viagem a Portugal no século XVI*. Lisboa: Editorial Caminho, 1986.

COSTA, João Cardoso. *Musa pueril*. Lisboa Ocidental: Oficina de Miguel L. Rodrigues, 1736.

DIAS, Baltasar. *Autos, romances e trovas*. Lisboa: Imprensa Nacional/Casa da Moeda, s/d [1985].

DURAN, Agustin. *Romancero general, ó collección de romances castellanos anteriores al siglo XVIII, recogidos, ordenados, clasificados y anotados, por Don Agustin Duran*. Madri: Atlas, 1945, 2 vols. (reprodução dos volumes 10 e 16 da Biblioteca de Autores Españoles, publicados pela primeira vez em meados do século XIX).

ESPINEL, Vicente. *La vida del escudero Marco de Obregón*. Madri: Castalia, 2000, vol. I.

FRANÇA, Eurico Nogueira. *A arte da música através dos tempos: ensaios histórico-críticos sobre a música no Ocidente*. Rio de Janeiro: Editora Atheneu-Cultura, s/d [1990].

GARDIEN, Jacques. *La chanson populaire française*. Paris: Libraire Larousse, s/d [1942].

GÉROLD, Théodore. *La musique au Moyen Âge*. Paris: Libraire Ancienne Honoré Champion Éditeur, 1932.

GODINHO, Vitorino Magalhães. *Estrutura da antiga sociedade portuguesa*. Lisboa, Editora Arcádia, 1975, 2ª ed.

GRAÇA, Fernando Lopes. *Breve ensaio sobre a evolução das formas musicais*. Lisboa: Editorial Inquérito, s/d [1940].

JAEGER, Werner. *Paideia: a formação do homem grego*. São Paulo: Editora Herder, s/d.

MARQUES, Oliveira. *A sociedade medieval portuguesa: aspectos da vida urbana*. Lisboa: Livraria Sá da Costa Editora, 1981, 4ª ed.

MARROU, Henri-Irenée. *Les troubadours*. Paris: Seuil, s/d [1971].

MERWE, Peter Van der. *Origins of the Popular Style: The Antecedents of Twentieth-Century Popular Music*. Oxford: Clarendon Press, 1992.

MEYER, Marlyse. *Maria Padilha e toda a sua quadrilha: de amante de um rei de Castela a pomba-gira da umbanda*. São Paulo: Livraria Duas Cidades, 1993.

MICHAËLIS DE VASCONCELOS, Carolina. *Autos portugueses de Gil Vicente y de la Escuela Vicentina*. Madri, Centro de Estudios Históricos, 1922.

_____. *Lições de filologia portuguesa segundo preleções feitas aos cursos de 1911/12 e 1912/13* (na Universidade de Coimbra). São Paulo: Martins Fontes, s/d.

_____. *Romances velhos em Portugal*. Coimbra: Imprensa da Universidade, 1934, 2ª ed.

NORONHA, Eduardo. *Pina Manique, o Intendente do Antes Quebrar...* Porto: Livraria Civilização Editor, s/d, 2ª ed.

ODERIGO, Nestor. *Historia del jazz*. Buenos Aires: Ricordi Americana, s/d [1952].

PIDAL, Ramón Menéndez. *El romancero español*. Nova York: The Hispanic Society of America, 1910.

QUEVEDO, D. Francisco Gómez de. *Antología poética*. Barcelona: Plaza y Jabes Editores, 1984.

RAYNOR, Henry. *Historia social da música*. Rio de Janeiro: Zahar, 1981.

REANEY, Gilbert. *Historia de la canción*. Madri: Taurus, 1990.

REBELO, Luiz Francisco. *Historia do teatro português*. Lisboa: Publicações Europa-América, 1972, 2ª ed.

REMÉDIOS, Mendes dos. *História da literatura portuguesa*. Lisboa: Lumen, 1921.

RESENDE, Marquês de. *Pintura de um outeiro nocturno e um sarão musical às portas de Lisboa no fim do seculo passado*. Lisboa: Tipografia da Academia Real das Ciências, 1868.

REZENDE, Conceição. *Aspectos da música ocidental*. Belo Horizonte: Imprensa da Universidade Federal de Minas Gerais, 1971.

Romero, Sílvio. *História da literatura brasileira*. Rio de Janeiro: Livraria José Olympio Editora, 1943, 3ª ed. aumentada (organizada e prefaciada por Nelson Romero).

Sampaio, Albino Forjaz de. *História da literatura portuguesa ilustrada*. Paris/Lisboa: Aillaud/Bertrand, s/d [vol. I, 1929; vol. II, 1930]; Lisboa: Bertrand, s/d [vol. III, 1932].

San Pedro, Diego de. *Cárcel de amor*. Edição de Enrique Moreno Báez. Madri: Cátedra, 1989 (Colección Letras Hispánicas).

Schurmann, Ernst F. *A música como linguagem: uma abordagem histórica*. São Paulo: Brasiliense/CNPq, 1989.

Sequeira, Gustavo de Matos. *Teatro de outros tempos: elementos para a história do teatro português*. Lisboa, 1933.

Siqueira, Batista. *Modinhas do passado: investigações folclóricas e artísticas*. Rio de Janeiro, edição do autor, 1956.

Spencer, Herbert. *Los primeros principios*. Valencia: F. Sempere y Cia. Editores, s/d, 2 vols.

SOBRE O AUTOR

José Ramos Tinhorão nasceu em 1928 em Santos, São Paulo, mas criou-se no bairro de Botafogo, no Rio de Janeiro, onde teve suas primeiras impressões de coisas populares assistindo a rodas de pernada e sambas de improviso, na esquina da Rua São Clemente com Praia de Botafogo, em frente ao Bar Sport Carioca.

Da primeira turma de Jornalismo do país, já colaborava no primeiro ano com a *Revista da Semana* e a *Revista Guaíra*, do Paraná, entre outros veículos, até ingressar no *Diário Carioca* em 1953, ano de sua formatura, onde permanece até 1958.

De 1958 a 1963, escreve para o *Jornal do Brasil*, começando em 1961 as famosas "Primeiras Lições de Samba". Na década de 1960, Tinhorão passa pela TV — Excelsior (despedido em 1º de abril de 1964, quando da tomada do poder pelos militares no Brasil), TV Rio e Globo (quando a programação era local) — e pela Rádio Nacional, antes de mudar-se em maio de 1968 para a cidade de São Paulo. Em 1966, estreia em livro com duas obras: *Música popular: um tema em debate* e *A província e o naturalismo*.

Morando em São Paulo, Tinhorão escreve para a revista *Veja* até 1973, passando então para a revista *Nova*, e em 1975, já como autônomo, envia da sucursal paulista suas duas colunas semanais para o *Jornal do Brasil*. Tais colunas, que durarão até 1981, granjearam ao pesquisador a pecha de "temido crítico musical".

Em 1980, Tinhorão vai a Portugal investigar a presença dos negros na metrópole. Desde então, seus livros passam a ser publicados também nesse país. Em 1999, prosseguindo em sua pesquisa de jornais carnavalescos no Brasil, solicita pela primeira vez em sua carreira uma bolsa: para o mestrado em História Social na Universidade de São Paulo. A tese dá origem ao livro *Imprensa carnavalesca no Brasil: um panorama da linguagem cômica*.

Grande pesquisador de sebos no Brasil e alfarrabistas em Lisboa, Porto e Braga, o autor reuniu importante coleção de discos, partituras, periódicos, livros e imagens sobre a cultura brasileira, cujo acervo passou em 2000 ao Instituto Moreira Salles, de São Paulo. Criado em 2001, o Acervo Tinhorão se encontra atualmente disponível a pesquisadores e interessados.

OBRAS DO AUTOR

A província e o naturalismo. Rio de Janeiro: Civilização Brasileira, 1966 (esgotado).

Música popular: um tema em debate. Rio de Janeiro: Saga, 1966; 2ª ed., Rio de Janeiro: JCM, 1969; 3ª ed., São Paulo: Editora 34, 1997; 1ª reimpressão, 1998; 2ª reimpr., 1999; 3ª reimpr., 2002; 4ª reimpr., 2003.

O samba agora vai... A farsa da música popular no exterior. Rio de Janeiro: JCM, 1969 (esgotado).

Música popular: de índios, negros e mestiços. Petrópolis: Vozes, 1972; 2ª ed., 1975 (esgotado).

Música popular: teatro & cinema. Petrópolis: Vozes, 1972 (esgotado).

Pequena história da música popular brasileira: da modinha à canção de protesto. Petrópolis: Vozes, 1974; 2ª ed., 1975; 3ª ed., 1978; 4ª ed., São Paulo: Círculo do Livro, 1978; 5ª ed., revista e aumentada, com o novo título de *Pequena história da música popular: da modinha ao tropicalismo*, São Paulo: Art Editora, 1986; 6ª ed., revista e aumentada, com novo título de *Pequena história da música popular: da modinha à lambada*, 1991.

Música popular: os sons que vêm da rua. São Paulo: Tinhorão, 1976; 2ª ed., revista e aumentada, com o novo título de *Os sons que vêm da rua*, São Paulo: Editora 34, 2005.

Música popular: do gramofone ao rádio e TV. São Paulo: Ática, 1981 (esgotado).

Música popular: mulher & trabalho (plaqueta). São Paulo: Senac, 1982 (esgotado).

Vida, tempo e obra de Manuel de Oliveira Paiva (uma contribuição). Fortaleza: Secretaria de Cultura e Desporto, 1986.

Os negros em Portugal: uma presença silenciosa. Lisboa: Editorial Caminho, 1988; 2ª ed., 1997.

Os sons dos negros no Brasil. Cantos, danças, folguedos: origens. São Paulo: Art Editora, 1988; 2ª ed., São Paulo: Editora 34, 2008.

História social da música popular brasileira. Lisboa: Editorial Caminho, 1990. São Paulo: Editora 34, 1998; 1ª reimpr., 1999; 2ª reimpr., 2002; 3ª reimpr., 2004; 4ª reimpr., 2005; 2ª ed., 2010.

Os sons do Brasil: trajetória da música instrumental (plaqueta). São Paulo: SESC, 1991.

A música popular no romance brasileiro: vol. I, séculos XVIII e XIX. Belo Horizonte: Oficina de Livros, 1992; 2ª ed., São Paulo: Editora 34, 2000.

Fado: dança do Brasil, cantar de Lisboa. O fim de um mito. Lisboa: Editorial Caminho, 1994.

Os romances em folhetins no Brasil (de 1830 à atualidade). São Paulo: Duas Cidades, 1994.

As origens da canção urbana. Lisboa: Editorial Caminho, 1997. São Paulo: Editora 34, 2011.

A imprensa carnavalesca no Brasil: um panorama da linguagem cômica. São Paulo: Hedra, 2000 (originalmente Dissertação de Mestrado em História Social apresentada ao Curso de Pós-Graduação da Universidade de São Paulo em 1999).

As festas no Brasil colonial. São Paulo: Editora 34, 2000; 1ª reimpr., 2000.

A música popular no romance brasileiro: vol. II, século XX (1ª parte). São Paulo: Editora 34, 2000.

Cultura popular: temas e questões. São Paulo: Editora 34, 2001; 2ª ed., revista e aumentada, 2006.

Música popular: o ensaio é no jornal. Rio de Janeiro: MIS Editorial, 2001.

A música popular no romance brasileiro: vol. III, século XX (2ª parte). São Paulo: Editora 34, 2002.

Domingos Caldas Barbosa: o poeta da viola, da modinha e do lundu (1740- -1800). São Paulo: Editora 34, 2004. Lisboa: Editorial Caminho, 2004.

O rasga: uma dança negro-portuguesa. São Paulo: Editora 34, 2006. Lisboa: Editorial Caminho, 2007.

A música popular que surge na Era da Revolução. São Paulo: Editora 34, 2009.

A sair:

Festa de negro em devoção de branco: do carnaval na procissão ao teatro no círio.

Este livro foi composto em Sabon
pela Bracher & Malta, com CTP
e impressão da Edições Loyola em
papel Alta Alvura 75 g/m² da Cia.
Suzano de Papel e Celulose para a
Editora 34, em abril de 2011.